미래 식량

무엇을 먹게 될까?

사진출처

셔터스톡_ 17p 식량 / 18p 곡식 / 19p 채소, 과일 / 20p 축산물 / 21p 수산물, 식용 곤충 / 27p 감자, 고구마, 옥수수 / 37p 몽골 유목 생활 / 52p 꿀벌 / 59p 단일 재배 / 75·104p 메뚜기, 풀무치 / 75p 백강잠, 누에 애벌레와 번데기, 갈색거저리 애벌레, 쌍별귀뚜라미, 흰점박이꽃무지 애벌레, 장수풍뎅이 애벌레, 아메리카왕거저리 애벌레, 수벌 번데기 / 76p 곤충 요리 / 77p 고소애 / 89p 식물성 고기 / 90p 스마트 농업 / 95p 식량 물가 / 104p 파리, 꿀벌 / 107p 번데기

연합뉴스_ 77p 곤충 가공식품

무엇을 먹게 될까? 미래 식량

ⓒ 한영식, 2025

1판 1쇄 발행 2025년 9월 30일

글 한영식 | **그림** 권나영 | **감수** 서울과학교사모임
펴낸이 권준구 | **펴낸곳** (주)지학사
편집장 김지영 | **편집** 박보영 이지연 | **교정교열** 김새롬 | **디자인** 이혜리
마케팅 송성만 손정빈 윤술옥 이채영 | **제작** 김현정 이진형 강석준 오지형
등록 2010년 1월 29일(제313-2010-24호) | **주소** 서울시 마포구 신촌로6길 5
전화 02.330.5263 | **팩스** 02.3141.4488 | **이메일** arbolbooks@jihak.co.kr
ISBN 979-11-6204-203-8 73500

잘못된 책은 구입하신 곳에서 바꿔 드립니다.

제조국 대한민국   **사용연령** 8세 이상
KC마크는 이 제품이 공통안전기준에 적합하였음을 의미합니다.

지학사아르볼 아르볼은 '나무'를 뜻하는 스페인어. 어린이들의 마음에 담긴 씨앗을 알찬 열매로 맺게 하는 나무가 되겠습니다.

홈페이지 www.jihak.co.kr/arbol | **블로그** blog.naver.com/arbolbooks

펴냄 글

과학은 왜 어려울까?

- 생명과학, 지구과학, 물리학, 화학 등 공부해야 할 범위가 넓다.
- 책이나 교과서를 볼 땐 이해할 것 같다가도 돌아서면 헷갈린다.
- 과학 현상이나 원리가 어려워서 이해가 안 된다.
- 과학 공부를 할 때 어려운 단어가 많이 나온다.

과학 공부, 쉽게 하려면 통합교과 시리즈를 펼치자!

통합교과란?

- 서로 다른 교과를 주제나 활동 중심으로 엮은 새로운 개념의 교과
- 하나의 주제를 **개념·역사·환경·생물·미래학** 등 다양한 영역에서 접근해 정보 전달 효과를 높임
- 문·이과 통합 교육 과정에 안성맞춤

이런 학생들에게 통합교과 시리즈를 추천합니다!

- 과학 교과를 처음 배우는 초등학교 **3학년**
- 과학이 지겹고 어렵게 느껴지는 **4학년**

개념
개념을 알아야 주제가 보인다!
개념 완벽 정리!

미래학
지금의 사회를 둘러보고
앞으로의 사회 예측해 보기

역사
과거부터 현재까지,
관련 분야의 역사 지식이
머릿속에 쏙!

생물
과학 분야를 샅샅이 파고들어
주제에 대한 이해력을 쑥!

환경
주제와 관련된
환경 문제를 알아보고
해결 방안 탐색

통합교과 시리즈

차례

1화
어느 날 생긴 일 `개념` 생존을 위한 먹거리 10

- 16 살아가는 데 꼭 필요한 식량
- 18 식물로부터 얻은 먹거리
- 20 동물로부터 얻은 먹거리
- 22 밥이냐 빵이냐
- 26 한 걸음 더: 어떻게 굶주림을 버텼을까?

2화
잘 먹고 잘 사는 법 `역사` 식량의 역사 28

- 34 자연에서 식량 구하기
- 36 인류를 바꾼 농사와 목축
- 38 식량을 생산하는 방법
- 40 세계 농업은 지금
- 44 한 걸음 더: 아직도 굶주리는 사람들이 있다고?

3화
식량이 문제야! `환경` 기후 변화와 식량 위기 46

- 52 기후 변화 때문에
- 54 공장식 축산업 때문에
- 56 가축을 먹이려면
- 58 성큼 다가온 식량 위기
- 62 한 걸음 더: 기후 변화 때문에 물가가 오른다고?

4화
곤충을 먹는다고? 생물 미래 먹거리 곤충   64

- 70 곤충이 미래 식량이라니!
- 74 이제는 징그럽지 않아!
- 80 한 걸음 더: 곤충의 변신은 무죄
- 72 영양 만점 식용 곤충
- 76 맛도 건강도 챙기는 식용 곤충

5화
미래를 위한 먹거리 미래학 식량 위기에 대비하려면   82

- 88 고기 없는 고기
- 92 지구촌 식량 위기 해법
- 98 한 걸음 더: 지구촌 미래를 위해
- 90 더 새로워진 농업
- 94 식량 주권, 어떻게 지킬까?

- 100 워크북
- 110 정답 및 해설
- 112 찾아보기

1화
어느 날 생긴 일
개념 생존을 위한 먹거리

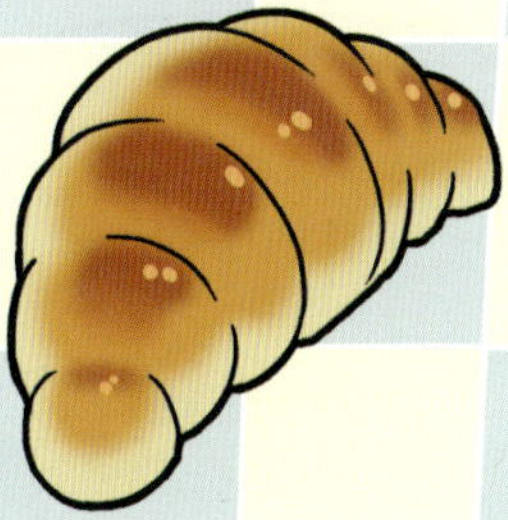

- 살아가는 데 꼭 필요한 식량
- 식물로부터 얻은 먹거리
- 동물로부터 얻은 먹거리
- 밥이냐 빵이냐

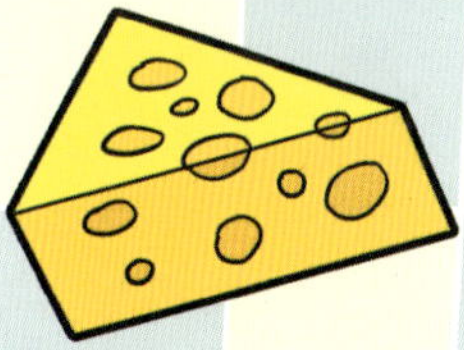

한눈에 쏙 생존을 위한 먹거리

한 걸음 더 어떻게 굶주림을 버텼을까?

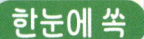

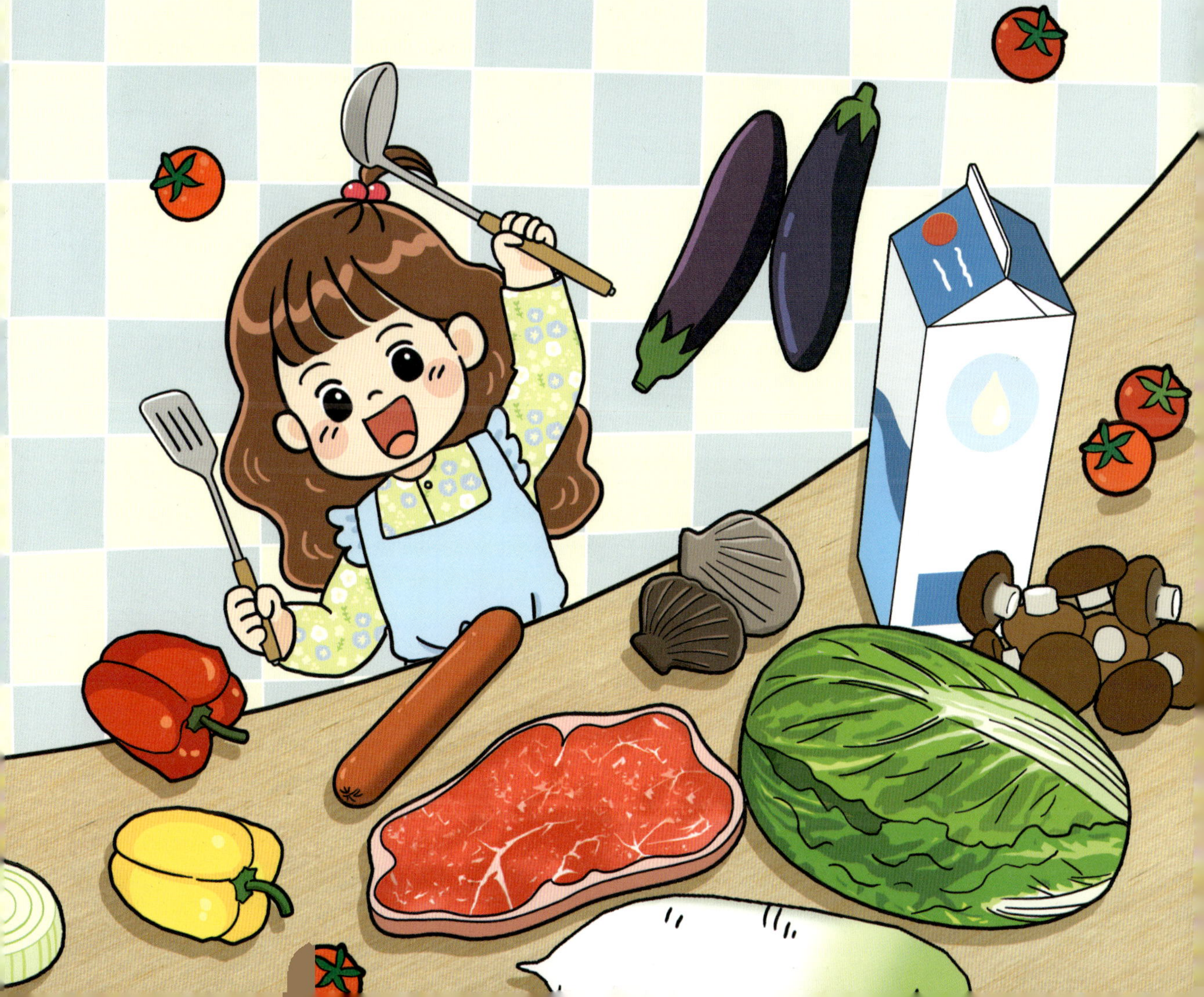

살아가는 데 꼭 필요한 식량

먹지 않고 살 수 있는 사람은 없어요. 사람은 스스로 에너지를 만들 수 없어서 음식을 먹어 에너지를 얻어야 하거든요.

사람에게 가장 필요한 것은?

사람이 살아가는 데 필요한 입을 것, 먹을 것, 살 곳을 묶어서 의식주라고 말해요. 의식주 가운데 가장 중요한 것을 꼽으면 무엇일까요? 바로 먹을 것이에요! 옷이나 집이 없으면 불편하기는 하지만 그래도 살아갈 수 있어요. 하지만 먹을 것인 식량 없이는 도저히 살 수가 없기 때문이에요.

왜 음식을 먹어야 할까?

사람이 음식을 먹어야 하는 이유는 무엇일까요? 살아가는 데 필요

음식에는 다양한 영양소가 들어 있어요.

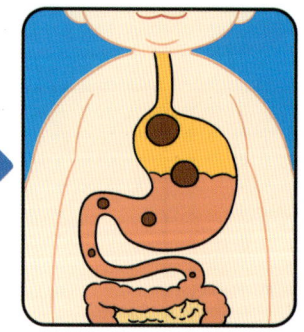

우리는 음식을 소화해 영양소를 얻지요.

영양소는 우리 몸을 이루고, 에너지를 낼 수 있게 해 줘요.

한 에너지를 얻기 위해서예요. 사람은 음식으로 물과 탄수화물, 지방, 단백질 같은 영양소를 얻어요.

만약 음식을 충분히 먹지 못하면 건강은 물론 목숨까지 위험해져요. 단지 배가 고픈 이유만으로 음식을 먹는 게 아니라, 살기 위해서 음식을 꼭 먹어야 해요.

음식과 식량, 뭐가 다를까?

음식은 우리가 마시고 먹는 모든 것을 말해요. 보통 먹기 좋도록 재료를 손질해서 요리해 내놓지요.

식량은 음식을 만드는 곡식(곡물), 과일, 채소, 고기, 생선 등 온갖 먹거리를 뜻해요. 사람이 살아가는 데 꼭 필요하기 때문에 흔히 식량 자원이라고도 하지요. 비상식량, 전투 식량, 우주 식량 따위는 극한 상황에서도 살아남을 수 있도록 특별히 만들어진 먹거리예요. 보통 음식에 비하면 맛이 떨어지는데, 이처럼 식량은 맛을 따지기 이전에 생존을 위해 반드시 필요한 것이지요. 그런 면에서 음식과 구별돼요.

사람이 살아가기 위해서는 무엇보다 식량이 중요해요. 그래서 모든 나라는 식량을 충분히 생산하고 마련하는 능력을 갖추기 위해 노력한답니다.

생존을 위한 먹거리, 식량

식물로부터 얻은 먹거리

예로부터 사람은 자연에서 식량을 얻어 왔어요. 식량은 넓게는 사람이 먹을 수 있는 모든 것을 가리키는데, 좁게는 사람이 늘 먹는 먹거리인 식품을 가리키기도 해요. 식품은 크게 식물성과 동물성으로 나눌 수 있어요. 그중 식물성 식품은 곡식, 채소, 과일처럼 식물에서 얻은 먹거리를 말해요.

주로 먹는 곡식

곡식은 특히 중요한 식량 자원이에요. 탄수화물은 우리 몸이 에너지를 내는 데 꼭 필요한 영양소인데, 곡식 속에는 탄수화물이 듬뿍 들어 있거든요.

주식이 되는 곡식

세계 곳곳에서 쌀, 밀 같은 곡식을 식사 때 주로 먹는 주식으로 삼고 있어요. 그대로 먹기는 딱딱해서 푹 익혀 밥, 빵, 국수 등 음식으로 만들지요. 곡식은 수확량이 많으면서, 오래 보관할 수 있는 장점이 있어요.

밭에서 나는 채소

날마다 우리 밥상에는 곡식과 채소가 올라와요. 채소는 영양소가 풍부한 식량 자원이에요. 주로 줄기와 잎을 먹는데, 땅속 뿌리도 좋은 먹거리가 돼요. 고구마, 당근, 무 같은 뿌리채소(근채류)를 떠올려 보세요.

영양소가 풍부한 채소

한편 수박, 참외, 토마토, 딸기, 호박 등 열매를 먹는 채소를 따로 과채류로 나누기도 해요. 또 엄밀히 따지면 버섯은 식물이 아니지만, 전에는 버섯을 식물로 보았기 때문에 채소류에 넣기도 하고요. 참고로, 버섯은 식물도 동물도 아닌 균류에 속해요.

주렁주렁 열리는 과일

사과, 배, 복숭아, 살구, 앵두, 감, 대추, 무화과, 석류, 귤, 포도 등 과일은 식물의 열매예요. 그대로 먹어도 맛있지만, 즙을 짜거나 말려서 먹기도 하지요.

맛있고 건강에도 좋은 과일

과일에는 비타민, 무기질, 식이 섬유 등이 가득해 식사로는 부족한 영양소를 채우기에 좋아요. 단, 너무 많이 먹으면 당분이 넘쳐 건강에 부정적 영향을 미칠 수 있으니 조심해야 해요.

동물로부터 얻은 먹거리

동물성 식품은 동물로부터 얻은 먹거리를 통틀어 말해요. 이번에는 동물성 식품에 어떤 것들이 있는지 알아볼까요?

고기와 젖 그리고 알

우리 몸은 주로 단백질과 지방 등을 포함한 지질(세포를 구성하는 주요 물질)로 이루어져 있어요. 고기에는 단백질과 지방이 풍부해 건강한 몸을 유지하는 데 도움을 준답니다. 식물에도 단백질과 지방이 들어 있기는 하지만, 고기보다는 적게 들어 있거든요. 또 고기에는 다른 영양소도 많아요.

가축으로부터 얻은 축산물

사람은 고기를 얻으려고 소, 돼지, 염소, 닭, 오리 등을 모아 길러요. 이런 동물을 흔히 식용 가축이라고 해요. 가축으로부터 고기 말고도 얻는 것이 또 있지요? 가축의 젖으로는 우유, 치즈, 버터, 크림, 요구르트 등을 만들거든요. 새의 알은 영양가도 높고 맛도 좋아 다양한 음식에 쓰이고요.

참! 꿀벌이 벌집 속에 모아 만드는 꿀도 동물성 식품에 속해요. 동물성 식품은 동물로부터 간접적으로 얻는 먹거리도 포함하니까요.

강과 바다의 수산물

생선, 조개, 새우, 게 등 강과 바다에 사는 동물에게도 단백질이 많아요. 단백질뿐 아니라 비타민 D, 불포화 지방산 등 몸에 이로운 영양소가 풍부해 건강에 좋지요.

물에서 나는 수산물

가축을 기르는 축산업이 발달하기 전에는 강과 바다에서 잡은 동물이 우리 밥상을 든든하게 채워 줬어요. 우리나라는 강이 많고 동쪽, 서쪽, 남쪽 세 방향이 바다로 둘러싸여 있으니까요. 그래서 물속에 그물로 울타리를 치고 그 안에 생선 따위를 가두어 기르는 양식업도 활발해요. 반면 강이나 바다가 부족한 나라는 수산물을 식량으로 잘 이용하기가 어렵지요.

곤충도 동물이야!

지구에 가장 많이 살고 있는 동물은 곤충이에요. 그래서 전 세계 곳곳에서 식재료로 이용하고 있어요. 우리나라에서도 번데기·메뚜기 등을 먹기는 하지만, 흔히 먹는 식재료는 아니에요.

식재료로 쓰이는 곤충

 ## 밥이냐 빵이냐

원래 밥은 쌀로 짓는 밥만 뜻했어요. 그런데 우리나라에서는 밥이 식사 자체를 나타내기도 해요. 오래전부터 쌀이 주식이 되다 보니 그 뜻이 점점 넓어졌지요. 비슷하게 밀을 주식으로 하는 나라 중에서는 빵을 의미하는 단어가 식사를 나타내는 곳도 있어요.

동양의 주식, 쌀

쌀은 벼에서 열리는 곡식이에요. 벼농사는 9,000년 전쯤 시작되었다고 알려져 있어요. 벼는 물이 풍부하고 따뜻한 기후에서 잘 자라기 때문에 동아시아 지역을 중심으로 벼농사가 발달했답니다. 우리나라에서는 일 년에 한 번 쌀을 수확하지만, 베트남처럼 따뜻한 나라에서

는 일 년에 세 번 쌀을 수확하는 삼모작이 이루어지지요.

　동양의 주식은 쌀이며, 동양 사람들은 쌀로 밥이나 국수를 만들어 먹어요. 오늘날 전 세계의 쌀 대부분이 아시아 지역에서 생산되고 또 소비되지요.

서양의 주식, 밀

　밀은 작은 보리라는 뜻에서 소맥(小麥)이라고도 불려요. 밀 농사는 1만 년 전쯤 서아시아에서 처음 시작됐어요. 벼와 달리 밀은 건조한 지역에서도 잘 자라요. 세계에서 가장 넓은 면적에 재배*되는 곡식이며, 세계 인구의 30퍼센트 가까이가 밀을 주식으로 삼고 있지요.

　서양에서는 밀로 만든 빵을 주식으로 먹어요. 또 밀로 국수, 과자, 술도 만들지요.

★ **재배** 식물을 가꾸어 기름.

살아가는 데 꼭 필요한 식량

- 사람은 스스로 에너지를 만들 수 없어서 음식으로 에너지를 얻음.
- 음식: 사람이 마시고 먹을 수 있도록 만든 것.
- 식량: 생존을 위하여 반드시 필요한 먹거리.
- 사람이 살아가기 위해서는 식량이 중요하기 때문에, 모든 나라는 식량을 충분히 생산하고 마련하는 능력을 갖추려고 노력함.

식품의 종류

- 식량은 넓게는 사람이 먹을 수 있는 모든 것을, 좁게는 사람이 늘 먹는 먹거리인 식품을 가리킴. 크게 식물성 식품과 동물성 식품으로 나뉨.
- 식물성 식품: 곡식, 채소, 과일처럼 식물에서 얻은 먹거리.
- 동물성 식품: 동물로부터 얻은 먹거리를 통틀어 말함. 고기, 젖, 알 같은 축산품과 물에서 나는 수산물 등이 있음. 꿀과 식용 곤충도 동물성 식품에 속함.

중요한 식량 작물

- 주식: 쌀이나 밀처럼 식생활에서 주가 되는 먹거리.
- 벼농사는 9,000년 전쯤 시작되었다고 알려져 있음. ➡ 벼는 물이 풍부하고 따뜻한 기후에서 잘 자라기 때문에 동아시아 지역을 중심으로 벼농사가 발달했음. ➡ 동양의 주식은 쌀이며, 동양 사람들은 쌀로 밥이나 국수를 만들어 먹음. ➡ 오늘날 전 세계의 쌀 대부분이 아시아 지역에서 생산되고 소비됨.
- 밀 농사는 1만 년 전쯤 서아시아에서 처음 시작됐음. ➡ 밀은 건조한 지역에서도 잘 자람. 세계에서 가장 넓은 면적에 재배되는 곡식이며, 세계 인구의 30퍼센트 가까이가 밀을 주식으로 삼고 있음. ➡ 서양에서는 밀로 만든 빵을 주식으로 먹음.

한 걸음 더!

어떻게 굶주림을 버텼을까?

보릿고개라는 말을 들어 본 적 있나요? 옛날에는 가을에 수확한 식량이 모두 떨어지면 다음 해 여름 보리가 익기까지 어떻게든 버텨야 했어요. 그러니까 식량 사정이 가장 어려운 때를 가리켜 보릿고개라고 한 것이지요. 옛날 사람들은 보릿고개를 어떻게 버텼을까요?

훌륭한 구황 식물 덕분에

배고픈 사람들은 보릿고개를 견디려고 산과 들에서 먹거리를 찾았어요. 고사리·쑥 같은 나물, 밤·호두 같은 나무 열매, 그리고 머루 같은 과일이 농작물을 대신하는 훌륭한 구황 식물이 되었지요. 구황은 굶주림을 구한다는 뜻이에요.

조선 시대에는 식량이 모자랄 때 쓸 수 있는 구황 식물의 정보를 책으로 엮어 백성에게 알렸어요. 우리나라 산과 들에서 자라는 구황 식물은 850종 가까이 돼요. 그중 약 300종이 지금도 식생활에 쓰이지요.

든든한 구황 작물 덕분에

사람들은 감자, 고구마, 옥수수 같은 구황 작물을 먹으며 보릿고개를 버텨 냈어요. 이런 농작물은 날씨에 영향을 덜 받으며, 거친 땅에서도 잘 자라거든요. 쑥쑥 커서 수확하기까지 시간이 그리 오래 걸리지도 않고요.

원래 감자, 고구마, 옥수수는 아메리카 대륙에서 자랐어요. 1492년에 이탈리아의 탐험가 콜럼버스가 아메리카 대륙에 닿은 뒤로 유럽과 아시아 등으로 퍼져 나갔고요. 덕분에 세계의 많은 사람이 굶주림에서 벗어나게 되었답니다.

감자	고구마	옥수수
높은 산이나 추운 곳에서도 잘 자라요. 쌀, 밀, 옥수수와 함께 세계 4대 식량 작물로 꼽혀요.	조선 시대 때 일본을 거쳐서 들어왔다고 해요. 식이 섬유가 많아서 변비에 좋고, 비타민과 철분도 풍부하지요.	쌀, 밀과 함께 세계 3대 곡물로 묶여요. 아메리카 원주민의 주식이며, 가축 사료로도 널리 쓰이지요.

2화
잘 먹고 잘 사는 법

 식량의 역사

- 자연에서 식량 구하기
- 인류를 바꾼 농사와 목축
- 식량을 생산하는 방법
- 세계 농업은 지금

한눈에 쏙 식량의 역사

한 걸음 더 아직도 굶주리는 사람들이 있다고?

 자연에서 식량 구하기

아주 먼 옛날, 사람들은 동물을 사냥하고 자연의 동식물을 모아 식량을 마련했어요. 이렇게 자연에서 동식물을 직접 얻는 방식을 수렵 채집이라고 해요. 수렵 채집 흔적은 추운 극지방에서 뜨거운 사막까지, 지구 곳곳에서 찾아볼 수 있지요.

식량을 구하는 방법 ① 수렵

인류 최초의 직업은 사냥꾼이라는 말이 있어요. 먼 옛날 인류는 주로 사냥을 해서 고기를 얻었거든요. 그때 그려진 동굴 벽화에서도 사냥하는 모습을 찾아볼 수 있지요.

인류는 처음에는 나무창·돌도끼 같은 간단한 도구로 시작해, 기술이 발전하며 덫·활·총 등으로 사냥을 했어요. 길들인 개나 매 등을 사냥에 이용하기도 했고요. 농사를 짓고 가축을 기른 뒤에도 가죽, 뿔, 약재료 등을 얻기 위해 사냥은 계속됐답니다.

식량을 구하는 방법 ② 채집

자연에서 널리 돌아다니며 얻거나 캐거나 잡아서 모으는 일을 채집이라고 해요. 손이나 간단한 도구를 이용하지요. 먼 옛날 인류는 땅에서는 식물의 뿌리부터 줄기, 잎, 꽃, 열매 등을 모아 먹었어요. 강과 바다에서는 조개, 소라, 고둥 등을 잡아서 먹었고요. 자연으로부터 식량을 넉넉하게 얻어 살아가던 시절이었지요.

식량을 구하는 방법 ③ 어로

어로는 물에 사는 생물을 잡거나 거두어들이는 일을 말해요. 석기 시대 사람들도 그물과 낚시 등으로 어로 활동을 펼쳤어요. 지금도 양식하는 일부를 뺀 대부분 수산물은 그물과 낚시 등으로 잡아 올려 식량 자원으로 이용하고 있답니다.

tip

석기 시대의 어로 활동

돌로 도구를 만들어 쓰던 시대를 석기 시대라고 하는데, 크게 구석기 시대와 신석기 시대로 나눠요. 문자를 발명해 역사를 기록하기 전이라, 지금까지 남은 유물로만 그 당시 생활 모습을 그려 볼 수 있지요. 신석기 시대 유적에서 그물추와 이음낚시 등이 발견됐어요. 그물추는 그물이 물속에 쉽게 가라앉도록 그물 끝에 매다는 돌이에요. 이음낚시는 길쭉한 돌에 뼈로 만든 바늘을 묶어 만든 갈고리 모양의 낚싯바늘이랍니다.

인류를 바꾼 농사와 목축

 이곳저곳을 떠돌며 수렵과 채집으로 식량을 얻어 왔던 인류에게 변화가 생겼어요. 1만 년 전쯤 농사가 시작되었거든요. 식물을 길러 스스로 식량을 만들어 낸 거예요. 또 동물을 길들여 가축으로 삼아 농사에 이용하고 식량도 얻었지요.

스스로 식량을 생산하다

 앞서 말했듯, 구석기 시대 인류는 떠돌아다니며 자연에서 식량을 구했어요. 그러다 1만 년 전쯤 신석기 시대가 시작되며 엄청난 변화가 생겼답니다. 바로 농사를 짓고 가축을 기르기 시작한 거예요!

 이제 인류는 한곳에 머물러 살게 되었어요. 식량을 스스로 생산하게 되었으니 더 이상 먹거리를 찾아 떠돌 필요가 없었으니까요. 지금도 수렵 채집 생활을 하며 살아가는 원시 부족이 있기는 하지만, 대부분은 농사와 목축으로 식량을 얻지요.

농사를 지을지 목축을 할지

유목민의 삶은 수렵 채집 생활을 하던 옛 인류의 모습과 꽤 닮아 보여요. 한곳에 눌러살지 않고 물가와 풀밭을 찾아 옮겨 다니며 살아가니까요. 소, 말, 양, 염소 등 가축을 먹이기 위해서요.

유목민의 주식은 고기와 젖이에요. 이들이 농사를 짓지 않고 떠도는 유목 생활을 하는 데는 다 이유가 있어요. 사막이나 초원 같은 건조한 지역에 살아서 농사를 짓기 어렵거든요. 환경에 맞춰 목축을 통해 식량을 구하는 것이랍니다.

건조한 환경에 맞춰 유목 생활을 이어 온 몽골

야생 동물에서 가축으로

오랜 옛날부터 고기는 인류에게 중요한 식량 자원이었어요. 인류는 한곳에 머물러 살며 농사를 지으면서, 동시에 쉽게 길들일 수 있는 야생 동물을 모아 기르기 시작했어요. 그 결과 소, 돼지, 염소, 닭, 오리 등 수많은 가축이 생겨났지요. 언제든지 고기와 젖, 그리고 알을 식량 자원으로 쓸 수 있게 된 거예요.

가축을 기르는 규모도 목축 수준을 넘어 축산업으로 점점 커졌고, 동물성 식품을 더 많이 생산하게 되었지요.

식량을 생산하는 방법

인류는 농업, 축산업, 수산업, 양봉 등을 발전시켜 더 많은 식량을 얻게 되었어요. 또 하나 발전한 산업이 있는데, 바로 가공식품을 만드는 산업이에요.

주식을 생산하는 농업

농업은 땅을 이용해 먹거리를 생산하는 산업이에요. 인류의 먹거리는 셀 수 없이 많지만, 그중에서도 주식이 되는 쌀과 밀은 특히 중요하잖아요? 따라서 농업은 식량 생산의 가장 기본이라고 말할 수 있어요.

영양가 높은 식량을 생산하는 축산업

인류가 목축을 시작하면서부터 축산업이 시작됐어요. 축산업은 가축을 길러서 고기, 젖, 알 등을 얻는 산업을 말해요. 축산업 중에서도 젖으로 유제품을 생산하는 산업은 낙농업, 닭·오리 등 날짐승을 기르는 산업은 가금업이라고 불러요.

강과 바다에서 얻는 수산업

강과 바다 등에서 생선, 조개, 물풀 등 동식물을 잡고 기르는 산업이에요. 그물과 낚시를 이용하거나, 사람이 물속에 직접 들어가 수산물을 잡기도 하지요. 생선, 김 등을 인공적으로 기르는 양식업도 이루어져요.

꿀벌을 기르는 양봉

꿀을 얻으려고 벌을 기르는 축산업의 한 분야예요. 꿀벌은 꽃을 돌아다니며 열심히 꿀을 모아요. 이 과정에서 꽃가루를 옮겨 식물이 열매를 맺게 도와주지요. 양봉으로 꿀 말고도 로열 젤리, 프로폴리스 같은 건강에 좋은 물질을 얻어요.

보관도 조리도 간편한 가공식품

가공식품은 농산물, 축산물, 수산물 등을 먹기 편하며 오래 보관할 수 있게 만든 식품이에요. 채소, 과일, 고기, 생선 등 자연 상태 식품을 뺀 우리가 먹는 음식 대부분은 가공식품이에요. 그중에서도 공장에서 여러 과정을 거쳐 만들어진 식품을 초가공식품이라고 해요. 예를 들어 라면, 햄, 소시지, 탄산음료 등이 있지요.

세계 농업은 지금

농업은 식량 생산의 출발점이에요. 좁게는 땅을 이용해 식물을 가꾸는 농사뿐 아니라, 넓게는 동물을 기르는 축산업도 농업에 속해요. 세계 각국은 식량 생산을 위해 농업 발전에 힘쓰고 있어요.

선진국의 농업

다른 나라보다 정치, 경제, 문화 등이 앞선 나라를 선진국이라고 해요. 미국, 캐나다, 유럽 국가 등 선진국은 농업도 발전해 있어요. 과학 기술을 이용해 농업 수준을 끌어올렸기 때문이에요. 식량을 충분히 생산해서 남는 식량을 어떻게 처리할지 고민이 깊어요.

개발 도상국의 농업

개발 도상국은 산업과 경제 수준이 선진국에 비하여 뒤떨어진 나라를 뜻해요. 아시아, 아프리카, 라틴 아메리카의 개발 도상국들은 농업

수준도 떨어지는 경우가 많아요. 인구는 점점 느는데 식량 생산이 따라가지를 못해서 식량 부족 문제를 겪고 있지요.

우리나라의 농업

우리나라는 신석기 시대부터 농사를 지어 왔어요. 그러나 조선 시대만 해도 굶주리는 사람이 흔했고, 일제 강점기에도 일본에 식량을 빼앗겨 식량 문제가 심각했지요.

1950년에는 6·25 전쟁이 일어나 나라가 거의 엉망이 되다시피 했어요. 그런 반면 인구는 점점 늘어났고요. 그래서 1960년대까지도 식량이 모자라서 어려움을 겪었지요.

1970년대를 지나며 산업과 경제가 발전하기 시작했고, 그러면서 식량 문제가 차츰 해결됐어요. 또 1970년대 이후로는 축산물 소비가 크게 늘었답니다. 한 사람당 고기 소비량은 1970년 5.2킬로그램에서 2020년 54.3킬로그램으로 10배 넘게 뛰었지요.

한편 축산물 소비가 늘며 가축 사료가 많이 필요해졌어요. 밀, 콩, 옥수수 같은 사료 곡물을 외국에서 사들이는 형편이지요.

최근 우리나라 식량 자급률은 해마다 떨어지고 있어서 문제예요. 식량 자급률은 우리나라에서 소비하는 식량 가운데 우리나라 안에서 생산된 것이 어느 정도인가를 나타내요. 식량 자급률이 높을수록 식량 수입을 덜 해도 되지요. 그러면 세계적 위기 상황에서도 식량을 스스로 얻을 수 있어 국가 안정에 유리하답니다.

식량의 역사

수렵 채집에서 농경과 목축으로
- 수렵 채집 사회: 인류는 오랜 세월 동안 동물을 사냥하고 자연의 동식물을 모아 식량을 마련했음. 이때의 인류는 한곳에 눌러살지 않고 먹거리를 찾아 떠돌아다녔음.
- 농경 사회: 1만 년 전쯤 농사가 시작되어 생활에 변화를 가져왔음. 인류는 농사를 짓고 가축을 기르면서 한곳에 머물러 살게 되었음.
- 오늘날에도 유목민은 농사를 짓지 않고 떠도는 생활을 함. 건조한 환경에 맞춰 농사 대신 목축을 통해 식량을 얻음. 유목민의 주식은 고기와 젖임.

식량을 생산하는 방법
- 농업: 땅을 이용해 생활에 필요한 식물을 가꾸고, 동물을 기르는 산업. 좁게는 농사를 가리키기도 함.
- 축산업: 가축을 길러서 그 생산물을 가공하는 산업.
- 수산업: 강과 바다 등에서 나는 동식물을 잡고 기르는 산업.
- 양봉: 꿀을 얻으려고 벌을 기르는 축산업의 한 분야.
- 가공식품 산업: 농산물, 축산물, 수산물 등을 먹기 편하며 오래 보관할 수 있게 식품으로 만드는 산업.

세계와 우리나라의 농업
- 선진국의 농업: 과학 기술을 이용해 농업 수준을 높였음. 식량을 충분히 생산해서 식량이 남음.
- 개발 도상국의 농업: 농업 수준이 선진국에 비해 떨어짐. 인구는 점점 느는데 식량 생산이 따라가지를 못해서 식량 부족 문제를 겪음.
- 우리나라는 신석기 시대부터 농사를 지어 왔음. ➡ 조선 시대와 일제 강점기에는 식량이 모자라 어려움을 겪었음. ➡ 1950년 6·25 전쟁이 일어나 산업과 경제가 무너짐. 이 때문에 1960년대까지도 식량 부족 문제를 겪었음. ➡ 1970년대 이후 산업과 경제가 발전하며 식량 문제가 차츰 해결됐음.
- 최근 우리나라는 식량 수입이 늘어나고, 식량 자급률은 갈수록 떨어지고 있음. 식량 자급률이 높을 수록 국가 안정에 유리함.

한 걸음 더!

아직도 굶주리는 사람들이 있다고?

오늘날 농업이 발전해 세계 인구가 충분히 먹고도 남을 만큼 식량이 생산되고 있어요. 그런데 왜 여전히 굶주림으로 고통받는 사람이 많을까요?

굶주리는 사람들

우리가 생각하는 것보다 꽤 많은 사람이 식량이 모자라서 어려움을 겪어요. 지구에 살고 있는 10명 가운데 1명은 굶고 있거든요. 세계 인구가 82억 명을 넘어섰으니, 무려 8억 명 넘는 사람이 배고픔에 시달리고 있는 셈이지요. 그뿐이 아니에요. 전 세계 약 28억 명이 영양가 없는 음식으로 끼니를 때우고 있어요. 건강한 식사를 챙기지 못할 정도로 가난하기 때문이에요.

버려지는 식량

전 세계 인구가 먹고도 남을 만큼의 식량이 생산되고 있다고 했잖아요. 그런데도 왜 식량 부족 문제가 생겼냐고요? 어떤 나라에서는 식량이 모자라 어려움을 겪지만, 어떤 나라에서는 음식이 넘쳐 나 그대로 버려지기 때문이에요. 현재 매년 생산되는 식량의 3분의 1 가까이가 그냥 버려지고 있거든요.

음식 쓰레기는 환경에도 심각한 영향을 끼쳐요. 처리 과정에서 나오는 이산화 탄소 같은 온실가스가 기온을 높여 지구 온난화를 부추기니까요.

세계 식량의 날

많은 사람이 전쟁, 기후 변화, 경제적 이유 등으로 식량 부족 문제를 겪고 있어요. 국제연합(UN)은 식량 부족 문제를 널리 알리고 해결하기 위해 매년 10월 16일을 세계 식량의 날로 정했어요. 우리나라를 포함해 150여 개 국가가 이날을 기념하며 다양한 행사와 봉사 활동을 펼치지요. 이렇게 지구촌이 함께 힘을 모으면 식량 부족 문제를 해결할 수 있지 않을까요?

기후 변화 때문에

 2050년에는 세계 인구가 97억 명에 이를 것이라고 해요. 그런데 지구 온난화로 기후 변화가 갈수록 심각해지고 있잖아요? 이대로라면 식량 생산에 큰 영향을 미칠 거예요.

기후 변화가 불러온 식량 위기

 늘어나는 인구를 감당하려면 그만큼 식량을 충분히 생산해야 해요. 그런데 지구 온난화에 따른 기후 변화로 식량 위기가 점점 더 심각해져만 가요. 단순히 날씨가 더워지는 것을 넘어, 이상 기후로 가뭄·홍수·태풍·산불·폭염 등이 잦아지며 식량 생산에 영향을 주고 있거든요. 실제로 물이 부족해 농사를 포기하는 곳도 늘었지요. 이렇듯, 기후 변화는 식량 위기의 원인이 돼요.

기후 변화에 사라지는 꿀벌

 꿀벌은 식량 생산에 중요한 역할을 해요. 식물의 꽃가루를 옮겨 열매를 맺도록 도와주니까요. 주요 농작물 100종 가운데 71종이 꿀벌의 꽃가루받이로 열매를 맺어요. 그런데 기후 변화

식물의 꽃가루받이를 돕는 꿀벌

의 영향으로 꿀벌 수가 줄어들고 있지요. 꽃가루를 옮기는 꿀벌이 줄면 식물이 열매를 맺지 못해 식량 생산에 문제가 생길 거예요.

꿀벌이 사라지면?

기후 변화는 꿀벌에게 큰 재앙이 되고 있어요. 꽃이 이르게 피거나 아예 피지 않아서 꿀을 모으기 힘들어졌고, 변덕스러운 날씨 때문에 죽는 꿀벌도 많지요. 또 꿀벌을 잡아먹는 말벌이 활동하는 시기가 늘어난 것도 문제예요. 이러한 이유로 꽃가루받이가 제대로 이루어지지 않아 상황이 심각해요.

꿀벌에게는 기후 변화뿐 아니라 살충제도 큰 위협이에요. 살충제는 농작물에 피해를 입히는 벌레를 없애려고 뿌리는 약인데, 특히 네오니코티노이드가 들어 있는 살충제가 꿀벌에게 문제를 일으켜요. 방향 감각을 잃게 만들고 몸에 마비까지 오게 하거든요.

작디작은 미세 먼지가 사람뿐 아니라 꿀벌에게도 나쁜 영향을 미친다는 연구 결과도 있어요. 미세 먼지가 많으면 꿀벌이 길을 찾지 못하고 오래 헤맨다고 하지요.

과학자들은 이러한 문제가 계속되면 꿀벌이 아주 사라져 멸종할 수 있다고 경고해요. 꿀벌이 멸종하면 식량 생산에 엄청난 영향을 끼칠 거예요. 따라서 꿀벌을 지키기 위해서 노력해야 해요. 소중한 꿀벌을 지키기 위해 국제연합(UN)은 매년 5월 20일을 세계 꿀벌의 날로 정했어요.

공장식 축산업 때문에

고기를 더 많이, 더 싸게 생산하려고 공장식 축산업이 생겨났어요. 좁은 공간에 가축을 모아 기르게 된 거예요. 이러한 공장식 축산업은 생각지도 못한 문제를 낳았지요.

건강에 미치는 영향

공장식 축산업은 한정된 공간에 될 수 있는 한 많은 가축을 넣어 기르는 방식이에요. 이런 **빽빽**한 환경에서 자라는 가축이 건강하기가 어렵잖아요. 병에 걸리기 쉬우니 이를 해결하려고 항생제를 많이 쓰지요. 항생제는 세균을 죽이거나 억제하는 약이라 많이 쓰면 약 효과가 떨어지는 내성이 생길 수 있어요. 결국 항생제가 가축의 몸에 쌓이면 그 고기를 먹는 우리에게도 내성이 나타날 수 있어 위험해요.

지구 환경에 미치는 영향

공장식 축산업에서 나오는 온실가스 양은 상당해요. 온실가스는 이산화 탄소, 메테인 등 지구 기온을 높이는 기체를 뜻해요. 가축을 기르고, 축산품으로 가공해, 소비자에게로 옮겨 가는 모든 과정에서 온실가스가 많이 나오지요. 그래서 지구 환경에 미치는 영향도 커요.

여기서 끝이 아니에요. 가축은 사료를 소화시키면서 자연스럽게 트림을 하고, 방귀를 뀌고, 똥오줌을 싸요. 여기에서 온실가스인 메테인이 많이 나와 문제가 심각하지요.

소 한 마리가 하루에 메테인을 약 250에서 500리터 가까이 내놓는다고 해요. 자동차 한 대가 하루 동안 내뿜는 양과 비슷하지요. 전 세계에 소가 약 15억 마리 있다고 하는데, 소만 따져도 매일같이 메테인 수천억 리터가 쏟아지는 셈이에요. 가축은 죄가 없지만, 우리가 가축을 너무 많이 기르는 탓에 문제가 생긴 것이랍니다.

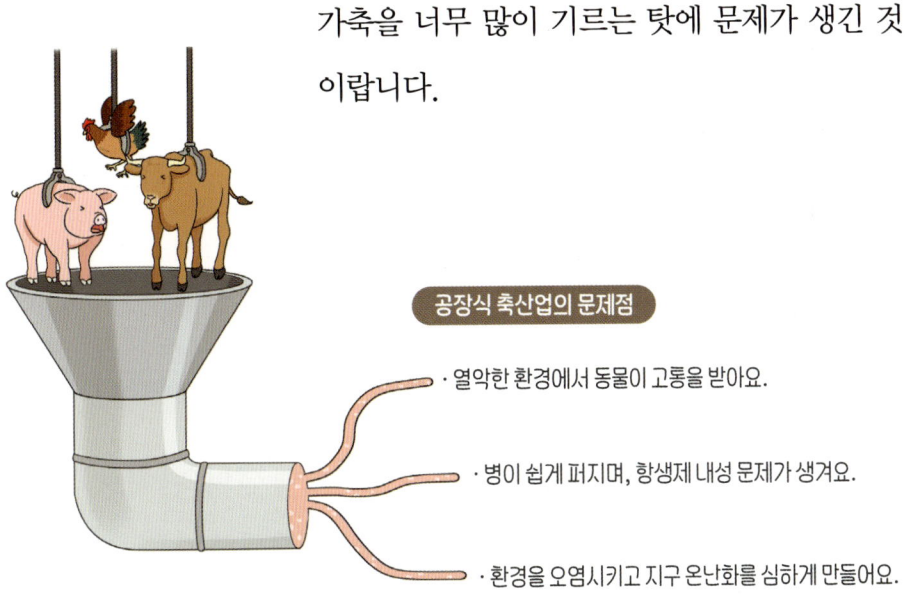

공장식 축산업의 문제점
- 열악한 환경에서 동물이 고통을 받아요.
- 병이 쉽게 퍼지며, 항생제 내성 문제가 생겨요.
- 환경을 오염시키고 지구 온난화를 심하게 만들어요.

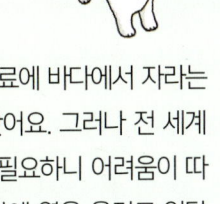

메테인 줄이는 사료

축산업에서 나오는 메테인을 줄이는 방법이 없을까요? 소 사료에 바다에서 자라는 해조류를 섞으면 메테인을 줄일 수 있다는 연구 결과가 나왔어요. 그러나 전 세계 소만 따져도 무려 15억 마리나 되고, 해조류가 20억 톤 넘게 필요하니 어려움이 따르지요. 축산 업계는 해조류 말고도 다양한 사료 첨가제 개발에 열을 올리고 있답니다.

 **가축을 먹이려면**

공장식 축산업이 자리 잡으면서 생긴 문제가 더 있어요. 과연 어떤 문제일까요?

가축 사료 때문에

가축을 먹이려면 사료가 되는 옥수수, 콩 같은 곡물도 함께 길러야 해요. 소고기 1킬로그램을 생산하려면 곡물이 7킬로그램쯤 필요한데, 가축을 대규모로 기르면 그만큼 많은 사료가 필요하겠지요? 현재 전 세계 곡물 생산량의 약 3분의 1이 가축 사료로 쓰일 정도예요.

사료를 농사지어, 가공하고, 옮기는 모든 과정에서 온실가스가 많이 나와요. 그뿐인가요? 수확량을 늘리려고 농약·화학 비료·살충제를 많이 쓰는데, 그러면 땅과 물이 오염될 수밖에 없어요. 사료 농사 때문에 지구가 뜨거워지는 데다, 환경 오염도 심각해져 가요.

파괴되는 숲

숲은 온실가스를 빨아들이는 역할을 해요. 그런데 사람들이 가축을 기르고, 사료 곡물을 농사짓기 위해 숲을 마구 베어 버렸어요. 지금도 이러한 목적으로 지구의 허파로 불리는 아마존 숲이 파괴되고 있지요. 이렇게 숲이 파괴되면 지구 온난화 속도가 더욱 빨라지고, 그 피해는 고스란히 우리에게 돌아올 거예요.

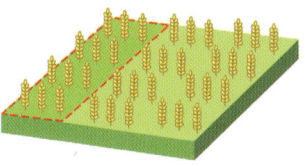

공장식 축산업의 또 다른 문제점

· 전 세계 곡물 생산량의 약 3분의 1이 가축 사료로 쓰여요.

· 사료를 만드는 과정에서 온실가스가 많이 나오고 환경도 오염돼요.

· 가축을 기르고 사료 곡물을 농사짓기 위해 숲이 파괴되고 있어요.

환경도 건강도 지키려면

고기는 빼놓을 수 없는 중요한 식량 자원이에요. 그런데 요즘에는 고기를 너무 많이 먹어서 문제가 되고 있어요. 사람과 가축이 전체 포유동물*의 97퍼센트를 차지할 정도라고 하니까요.

세계 인구는 앞으로 97억 명에 이를 것이며, 따라서 고기 소비량도 훨씬 많아질 것으로 내다봐요. 그러면 늘어난 온실가스 때문에 지구 온난화도 더욱 심각해지겠지요?

공장식 축산업을 줄이는 게 방법이지만, 결코 쉽지만은 않은 문제예요. 앞으로 축산업을 어떻게 발전시켜 나갈지 고민해 봐야 해요. 그래야 지구 환경도, 우리 건강도 지킬 수 있어요.

★ **포유동물** 새끼에게 젖을 먹여 키우는 동물.

성큼 다가온 식량 위기

인류의 식량을 책임졌던 농업에 위기가 다가오고 있어요. 이 위기가 왜 생겼는지 함께 알아봐요.

지구 온난화가 불러온 위기

지구 온난화에 따른 기후 변화가 농업에 영향을 주고 있어요. 농작물 품질이 떨어지고, 수확량도 줄어드는 상황이지요. 식물은 적당한 햇빛과 물, 온도 등이 갖춰져야 잘 자라요. 그런데 기후 변화로 환경 조건이 변해 버린 거예요. 하나의 예가 우리나라 사과 농사예요. 갈수록 날씨가 더워지는 탓에 품질과 수확량이 떨어지고, 재배 지역도 점점 줄고 있지요.

물 부족 사태

식물이 자라기 위해서는 물이 꼭 필요해요. 그런데 기후 변화로 세계 곳곳에서 물 부족 사태가 벌어지고 있어요. 심한 가뭄이 이어지는 아시아 일부 지역은 농사가 안돼 식량 가격이 훌쩍 오르는 문제도 나타났지요.

병들어 가는 땅

농업은 땅을 이용해 우리에게 필요한 동식물을 가꾸고 기르는 산업이에요. 건강한 땅에서 건강한 식량을 얻을 수 있답니다. 그런데 오늘날 땅을 무리하게 일구고, 농약·화학 비료·살충제를 많이 쓰면서 흙이 오염됐어요. 땅에 뿌리를 내리고 자라는 식물과 그 식물을 먹고 사는 동물에게까지 피해가 생겼지요.

생물 다양성 해치는 단일 재배

스스로 식량을 생산하게 된 뒤로 인류는 힘을 덜 들이고 수확량을 더 늘릴 방법을 고민해 왔어요. 그 고민에서 나온 방법이 단일 재배예요. 일정한 장소에서 한 가지 농작물을 집중적으로 기르는 것이지요. 들인 노력에 비해 결과가 좋게 나오기는 하지만 단점이 있어요. 다양한 생물이 어우러져 살아야 건강한 생태계가 만들어지는데 단일 재배는 생물 다양성을 줄어들게 해요.

생물 다양성이 줄면 특정 질병이나 벌레에 맞서 싸울 힘이 떨어져 농작물 피해가 늘 수 있어요. 이를 막으려고 농약·화학 비료·살충제를 쓰는데, 이는 생태계를 오염시키는 결과를 낳아 결국 식량 생산에 나쁜 영향을 미쳐요.

하나의 농작물을 기르는 단일 재배

기후 변화와 식량 위기

기후 변화가 불러온 식량 위기

- 인구가 늘어나는 만큼 식량을 충분히 생산해야 하는데, 급격한 기후 변화로 식량 위기에 내몰렸음.
- 지구 온난화에 따른 기후 변화로 이상 기후가 잦아져 식량 생산에 영향을 주고 있음.
- 기후 변화로 환경이 변하며 꿀벌이 줄고 있음. 주요 농작물 상당수가 꿀벌의 꽃가루받이로 생산되고 있어서 문제가 심각함. 늘어난 살충제 사용과 심각해지는 환경 오염도 꿀벌의 꽃가루받이를 방해함.

공장식 축산업의 문제점

- 공장식 축산업: 한정된 공간에 많은 가축을 모아 기르는 방식임. 고기를 더 많이, 더 싸게 생산하려고 공장식 축산업이 생겨남.
- 공장식 축산업 환경에서는 동물이 고통을 받음. 병이 쉽게 퍼지며, 항생제 내성 문제도 생김. 환경을 오염시키고 지구 온난화를 심하게 만드는 문제도 따름.
- 전 세계 곡물 생산량의 약 3분의 1이 가축 사료로 쓰임. 사료를 만드는 과정에서 온실가스가 많이 나오고 환경도 오염됨. 가축을 기르고 사료 곡물을 농사짓기 위해 숲이 파괴되고 있음.

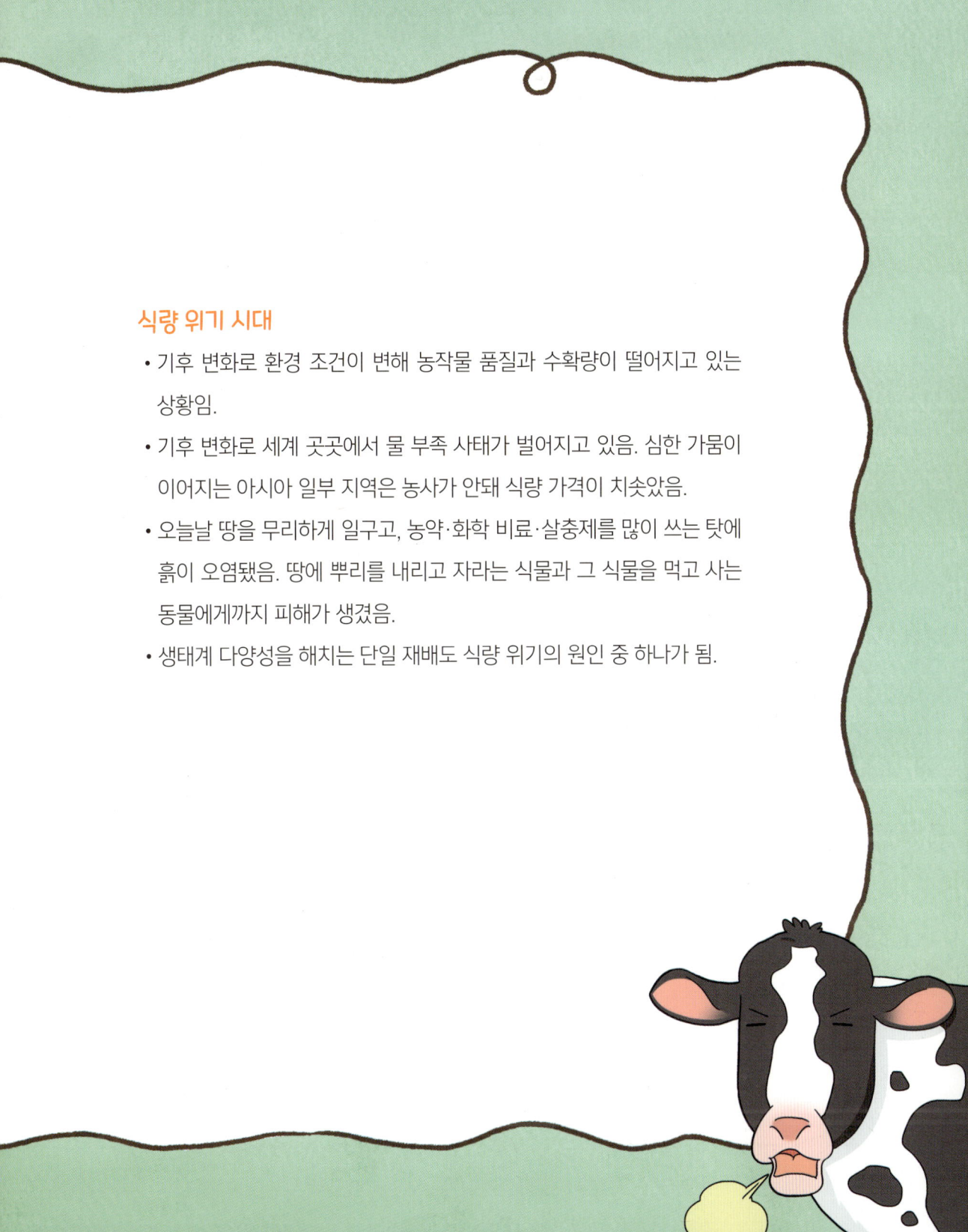

식량 위기 시대

- 기후 변화로 환경 조건이 변해 농작물 품질과 수확량이 떨어지고 있는 상황임.
- 기후 변화로 세계 곳곳에서 물 부족 사태가 벌어지고 있음. 심한 가뭄이 이어지는 아시아 일부 지역은 농사가 안돼 식량 가격이 치솟았음.
- 오늘날 땅을 무리하게 일구고, 농약·화학 비료·살충제를 많이 쓰는 탓에 흙이 오염됐음. 땅에 뿌리를 내리고 자라는 식물과 그 식물을 먹고 사는 동물에게까지 피해가 생겼음.
- 생태계 다양성을 해치는 단일 재배도 식량 위기의 원인 중 하나가 됨.

한 걸음 더!

기후 변화 때문에 물가가 오른다고?

세계 인구는 점점 늘어나고 있어요. 전보다 더 많은 식량이 필요한 상황인데, 문제가 생겼지요. 그 문제는 바로 지구촌을 휩쓴 기후 변화예요.

물가 치솟는 히트플레이션

지구 온난화에 따른 기후 변화 문제가 심각해요. 지구촌 곳곳에서 이상 기후가 나타나 식량 생산에 영향을 미치고 있거든요. 이상 기후로 주식인 쌀과 밀은 물론이고, 콩·사탕수수·오렌지 등 수많은 농작물 생산량이 줄어들었지요. 이렇게 생산량이 줄면 식량 가격이 오를 수밖에 없어요.

혹시 히트플레이션(heatflation)이라는 말을 들어 봤나요? 열을 뜻하는 '히트(heat)'와 물가가 자꾸 오르는 '인플레이션(inflation)'을 합친 말로, 뜨거워지는 기온 때문에 식량 가격이 올라 물가 전체에 영향을 미치는 현상을 뜻해요. 기후 변화는 식량 생산부터 우리 경제생활까지 두루두루 영향을 미치고 있어요.

지구촌 덮친 히트플레이션

아르헨티나에서는 소고기를 주식처럼 즐겨 먹어 왔어요. 그런데 가뭄과 폭염을 맞으면서 소고기 가격이 크게 올라 식탁에서 찾아보기가 힘들게 됐지요. 인도에서는 폭염 때문에 토마토 가격이 엄청나게 올랐다고 해요. 우리나라 사정도 비슷해요. 이상 기후로 수확량이 줄어들며 채솟값이 크게 뛰었거든요. '금상추', '금배추', '금시금치' 등 채소 이름 앞에 황금을 뜻하는 금자가 붙을 정도로요.

문제는 지구 온난화가 점점 심각해져 간다는 거예요. 기온이 오를수록 이상 기후가 잦아질 테니, 히트플레이션이 불러올 문제도 더욱 커지겠지요. 특히 식량을 많이 수입하는 나라는 경제적 피해가 심하고요. 우리나라도 예외일 수 없어요.

4화
곤충을 먹는다고?
생물 미래 먹거리 곤충

곤충이 미래 식량이라니!

오늘날 전 세계 가축의 수는 수백억 마리에 이르러요. 게다가 가축을 기르려면 사료 곡물도 농사지어야 한다고 했지요? 그러니 온실가스가 엄청나게 나올 수밖에요! 다행히 이 문제를 해결할 미래 식량 자원으로 곤충이 떠오르고 있답니다.

친환경 곤충 식량

앞에서 살펴봤듯이, 공장식 축산업은 온실가스를 내놓아 지구 온난화에 영향을 주고 있어요. 식용 곤충 산업은 공장식 축산업에 비해 온실가스 배출량이 적어 친환경적이에요. 식량 1킬로그램을 생산할 때 소고기의 경우 온실가스가 약 2,850그램 나와요. 반면 곤충은 1그램 정도만 나올 뿐이지요.

축산업에서 나오는 온실가스 양이 전 세계 온실가스 배출량의 약 15퍼센트를 차지한다고 해요. 이는 모든 교통수단이 내뿜는 온실가스 양과 비슷한 수준이에요. 앞으로 곤충이 식량 자원으로 자리 잡으면 환경 문제를 어느 정도 해결할 수 있지 않을까요?

다른 이점도 있어

가축은 몸집이 커서 넓은 땅을 필요로 해요. 그런데 곤충은 비교적 좁은 공간에서도 기를 수 있는 장점이 있어요. 숲을 베지 않고도, 그러니까 환경을 해치지 않으면서 식량을 얻을 수 있다는 이야기예요. 어디 그뿐인가요? 공장식 축산업에서 나오는 막대한 오염 물질은 환경에 나쁜 영향을 미치잖아요? 이러한 면에서 보아도 걱정이 덜해요.

게다가 곤충은 가축보다 사료를 적게 먹어요. 식량 1킬로그램을 생산하는 데 드는 사료 양이 소는 10킬로그램, 돼지는 5킬로그램, 닭은 2.5킬로그램이에요. 이에 비해 곤충은 겨우 1.7킬로그램밖에 필요하지 않아요.

이렇듯 식용 곤충 산업은 기존 축산업에 비해 환경을 파괴하거나, 자원을 낭비할 위험이 적을 뿐더러, 경제성도 뛰어나 미래 식량 자원으로 높이 평가받는답니다.

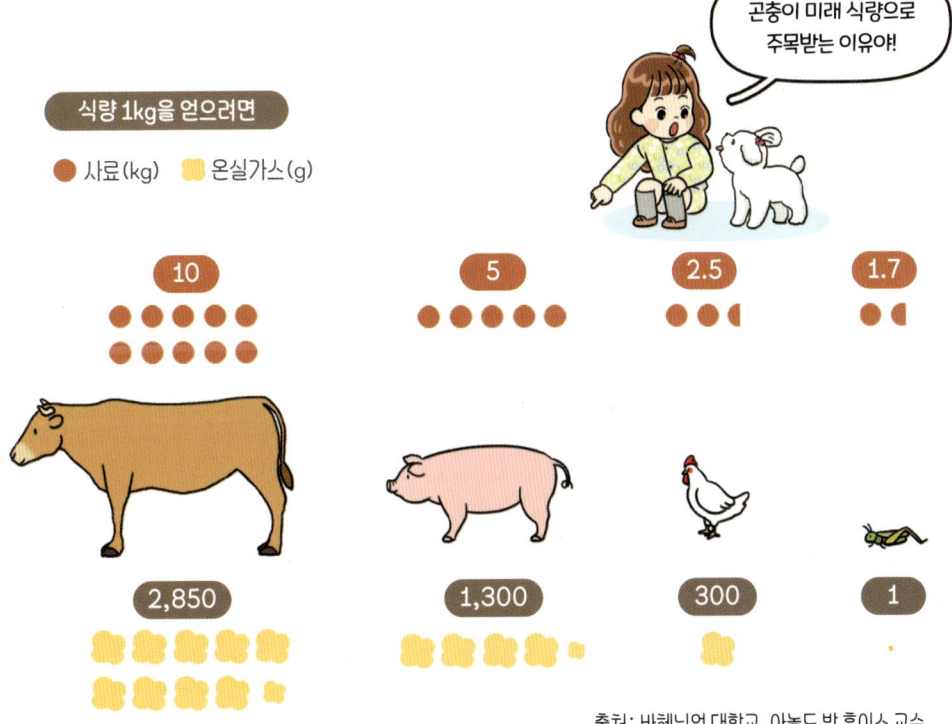

출처: 바헤닝언 대학교, 아놀드 반 휴이스 교수

4화 생물 - 미래 먹거리 곤충

 ## 영양 만점 식용 곤충

곤충이 미래 식량으로 주목받는 또 다른 이유는 영양 가치가 뛰어나 건강에 도움이 되기 때문이에요.

뛰어난 영양 가치

식용 곤충은 고기와 비교해 봐도 영양 가치가 떨어지지 않아요. 소고기 100그램에는 단백질이 25그램 정도 들어 있는데, 곤충 100그램에는 단백질이 28그램 정도 들어 있거든요. 이 밖에도 비타민, 칼슘, 철분 등 다양한 영양소가 풍부해 건강에 도움이 된답니다.

한편 고기에는 포화 지방산이 풍부해요. 그런데 포화 지방산을 너무 많이 섭취하면 몸속에 나쁜 콜레스테롤이 늘어나 심장과 혈관(핏

줄)에 무리를 줄 수 있어요. 같은 동물성 단백질이어도 곤충에는 불포화 지방산이 풍부해요. 불포화 지방산은 나쁜 콜레스테롤을 낮추고, 좋은 콜레스테롤을 높이는 데 도움을 주지요.

먹으면 도움 된다고?

식용 곤충은 고기에 비해 단백질을 비롯한 영양소가 풍부한 반면 지방은 적어요. 그래서 몸무게 관리에도 도움이 돼요. 지방은 우리 몸에 꼭 필요한 영양소이지만, 너무 많이 섭취하면 몸속에 쌓여 살이 찔 수 있거든요.

최근에는 식용 곤충이 면역력을 좋게 해 준다는 연구 결과도 나왔어요. 면역력은 우리 몸이 병을 일으키는 세균과 바이러스로부터 스스로를 지키는 능력을 뜻해요.

주의할 점도 있어!

알레르기는 어떤 물질에 대해 우리 몸의 면역 체계가 과하게 반응해 일어나는 증상이에요. 사람에 따라서 단백질이 많은 식품을 먹으면 두드러기, 가려움증 같은 증상이 나타나고는 해요. 곤충도 단백질이 풍부한 먹거리이기 때문에 알레르기를 일으킬 위험이 있어 조심하면 좋아요.

한편 곤충을 기르는 환경과 사료에도 신경을 써야 해요. 농약 같은 오염 물질이 남아 우리 몸속에 들어올 수도 있으니까요.

 **이제는 징그럽지 않아!**

곤충 하면 징그럽다는 생각부터 드는 사람도 많을 거예요. 하지만 생각보다 맛있는 곤충 식품이 꽤 많아요. 곤충이 미래 식량으로 떠오르면서 곤충 식품 개발에 힘쓰고 있거든요.

곤충이 식품이 되기까지

지구에는 곤충이 아주 많아요. 그중 사람이 먹을 수 있는 식용 곤충은 2,000여 종이라고 해요. 그렇다고 자연에서 잡은 곤충을 그대로 먹어서는 안 돼요. 독이 있거나 병에 걸린 곤충을 먹으면 우리 몸에 문제가 생길 수 있으니까요.

현재 우리 몸에 안전하다고 밝혀진 곤충만 식품으로 쓰이고 있어요. 전에는 곤충을 통째로 튀기거나 말리고 절여서 먹었어요. 그런데 요즘은 곤충을 가루 내서 과자, 빵 등을 만들 때 쓰기도 하지요. 그냥 보아서는 곤충이 들어간 줄 모르니 먹기가 한결 쉬워졌어요.

이제는 곤충과 친해져야 할 때

곤충은 친환경적이고 영양 가치가 높아 미래 식량 자원으로 주목을 받아요. 그래도 예로부터 곤충을 먹어 온 지역을 빼고는 흔한 식재료가 아니에요. 곤충은 생김새가 징그러운 편인 데다, 병을 옮겨 해롭다는 생각이 뿌리내려 있으니까요.

최근에는 곤충을 더 편하고 안전하게 먹기 위해 세계 여러 나라에서 식용 곤충 연구가 활발하게 이루어지는 중이에요. 미국이나 유럽에서는 곤충 요리를 파는 식당이 속속 생기며, 곤충을 이용한 다양한 가공식품도 나오고 있답니다.

우리나라 식용 곤충 살펴보기

우리나라 식품의약품안전처에서 인정한 식용 곤충은 현재 메뚜기, 백강잠, 누에 애벌레와 번데기, 갈색거저리 애벌레, 쌍별귀뚜라미, 흰점박이꽃무지 애벌레, 장수풍뎅이 애벌레, 아메리카왕거저리 애벌레, 수벌 번데기, 풀무치 등 10종이에요. 또 우리나라는 곤충 식품 산업을 키우기 위해 청주시에 국내 최초의 곤충종자보급센터를 세워 다양한 연구와 사업을 진행하고 있어요.

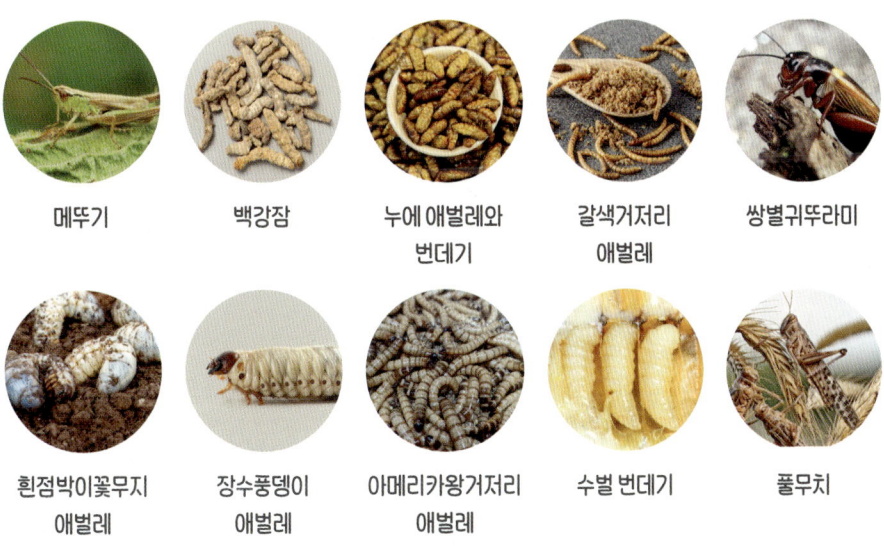

메뚜기 | 백강잠 | 누에 애벌레와 번데기 | 갈색거저리 애벌레 | 쌍별귀뚜라미

흰점박이꽃무지 애벌레 | 장수풍뎅이 애벌레 | 아메리카왕거저리 애벌레 | 수벌 번데기 | 풀무치

맛도 건강도 챙기는 식용 곤충

곤충 요리는 지구촌 곳곳에서 오랜 역사를 이어 왔어요. 최근에는 곤충 식품에 새바람이 불고 있답니다. 어떤 새로운 식품이 탄생했는지 알아볼까요?

전에는 어땠을까?

오래전부터 곤충을 먹어 온 지역이 있어요. 예를 들어 태국에서는 귀뚜라미, 메뚜기 등을 튀김 요리로 즐겨 먹어요. 메뚜기는 멕시코에서도 인기 있는 식재료예요. 일본 나가노 지역에서는 곤충을 조림으로 만들어 먹지요.

곤충 요리

우리나라 누에치기 역사는 오래됐어요. 누에가 입에서 실을 내어 집(고치)을 만들면 그 실을 뽑아 비단을 짰지요. 그러다 보니 자연스럽게 고치에 들어 있는 누에 번데기를 먹었는데, 식량이 부족했던 시절에 번데기는 영양 만점 먹거리가 되었어요.

또 농부에게는 농작물에 피해를 주는 메뚜기가 골칫거리이다 보니 잡아서 튀겨 먹기도 했어요. 해충도 잡고 배도 채우니 이보다 더 좋을 수가 있었을까요?

요즘은 이렇게!

생김새 때문인지 곤충을 통째로 먹는 것에 두려움을 느끼는 사람이 많아요. 그래서 요즘에는 곤충을 이용한 가공식품 개발이 활발해요. 대표적 가공식품으로는 곤충 밀가루, 곤충 단백질 보충제, 곤충 에너지바, 곤충 과자, 곤충 초콜릿, 곤충 치즈 등이 있어요.

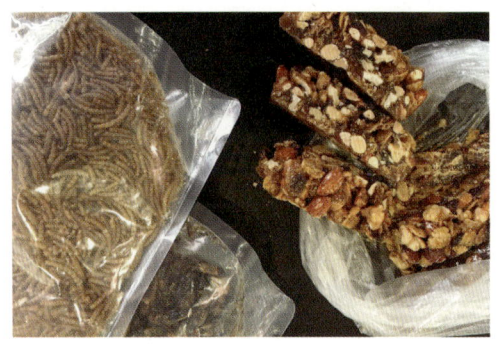

곤충 가공식품

식용 곤충을 이용한 다양한 요리법도 개발되는 중이에요. 곤충이 들어갔다고 말하지 않으면 먼저 알아채기가 어려울 정도라니까요.

최근에는 식용 곤충의 풍부한 단백질을 활용한 환자식, 건강식품, 의약품 등도 개발되고 있답니다.

고소한 애벌레의 변신

갈색거저리 애벌레는 고소한 애벌레라는 뜻에서 고소애라고 불려요. 고소애는 단백질뿐 아니라 여러 영양소가 풍부해 건강에 이롭지요. 농촌진흥청은 고소애를 안정적으로 생산하기 위해 노력하고 있어요. 또한 식재료로 널리 쓰이게끔 고소애 죽, 고소애 잡채, 고소애 차 등 다양한 요리법 130여 종을 개발했지요.

친환경 곤충 식량
- 식용 곤충 산업은 공장식 축산업에 비해 온실가스를 적게 내놓아 친환경적임.
- 식용 곤충 산업은 환경을 파괴하거나, 자원을 낭비할 위험이 적을뿐더러, 경제성도 뛰어나 미래 식량 자원으로 높이 평가받음.

영양 가치 높은 곤충 식량
- 식용 곤충은 건강에 좋은 단백질과 불포화 지방산이 풍부해 영양 가치가 높음.
- 식용 곤충은 일반 고기에 비해 단백질은 많고 지방은 적은 편이어서 몸무게 관리에도 도움이 됨.
- 식용 곤충이 면역력을 좋게 해 준다는 연구 결과도 있음.

곤충이 식품이 되기까지
- 사람이 먹을 수 있는 식용 곤충은 2,000여 종임. 현재 우리 몸에 안전하다고 밝혀진 곤충만 식품으로 쓰이고 있음.
- 곤충을 더 편하고 안전하게 먹기 위해 많은 나라가 곤충 식품 개발에 힘쓰고 있음.

- 현재 우리나라 식품의약품안전처에서 인정한 식용 곤충은 메뚜기, 백강잠, 누에 애벌레와 번데기, 갈색거저리 애벌레, 쌍별귀뚜라미, 흰점박이꽃무지 애벌레, 장수풍뎅이 애벌레, 아메리카왕거저리 애벌레, 수벌 번데기, 풀무치 등 10종이 있음.

다양한 곤충 요리

- 곤충 요리는 지구촌 곳곳에서 오랜 역사를 이어 왔음. 전에는 보통 곤충을 통째로 요리해서 먹었음.
- 우리나라에서는 누에치기로 얻은 번데기, 농작물에 피해를 주는 메뚜기 등을 식재료로 이용함.
- 곤충 가공식품 개발이 활발함. 대표적 가공식품으로는 곤충 밀가루, 곤충 단백질 보충제, 곤충 에너지바, 곤충 과자, 곤충 초콜릿, 곤충 치즈 등이 있음. 곤충을 이용한 다양한 요리법과 더불어 환자식, 건강식품, 의약품 등도 개발되는 중임.

곤충의 변신은 무죄

곤충은 미래 식량 자원으로 주목받기 훨씬 전부터 약재료로 쓰여 왔어요. 또 기계 발전에도 이바지해 왔지요. 도무지 믿기지 않는다고요? 함께 확인해 봐요.

약이 되는 곤충

조선 시대 의학자 허준이 쓴 《동의보감》에는 누에, 메뚜기, 굼벵이 등 약으로 쓰이는 곤충이 95종이나 소개되어 있어요. 곤충은 우리나라뿐 아니라 세계 곳곳에서 약재료로 쓰여 왔지요. 그냥 과거의 일이 아니에요. 오늘날에도 곤충에서 특정 물질을 뽑아내 약을 만드는 데 이용하거든요.

지구에는 셀 수 없을 정도로 많은 곤충이 살고 있잖아요? 우리 몸에 이로운 물질이 곤충에 얼마나 많을지 쉽게 가늠할 수 없어요. 의학계와 과학계는 곤충에서 찾은 특별한 물질이 우리 건강을 끌어올리는 데 큰 역할을 할 거라고 기대해요.

곤충을 닮은 기계

곤충이 나는 모습을 보면 비행기가 떠오르지 않나요? 특히 헬리콥터가 움직이는 방식은 잠자리와 비슷해요. 실제로 헬리콥터를 만들 때 잠자리에서 아이디어를 얻었기 때문이지요.

곤충은 저마다 생김새와 사는 모습이 다양해요. 과학계는 이렇게 다양한 곤충을 연구해 기계를 만들 때 도움을 받고 있어요. 곤충의 겹눈 구조에서 아이디어를 얻은 카메라 렌즈, 파리를 닮은 초소형 비행 로봇, 곤충 다리를 본떠 만든 탐사 로봇 등이 그 예랍니다.

- 고기 없는 고기
- 더 새로워진 농업
- 지구촌 식량 위기 해법
- 식량 주권, 어떻게 지킬까?

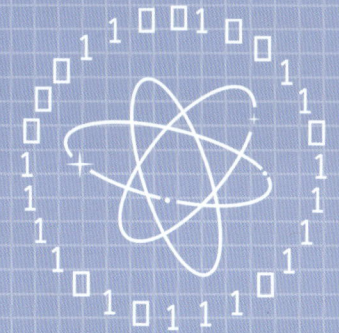

한눈에 쏙 식량 위기에 대비하려면
한 걸음 더 지구촌 미래를 위해

고기 없는 고기

공장식 축산업은 여러 문제를 안고 있어요. 그렇다고 고기를 아예 안 먹을 수는 없잖아요. 이런 상황에서 고기를 대신하는 대체육이 등장했어요. 대체육에 대해 알아볼까요?

대체육이 뭐야?

공장식 축산업은 자원을 낭비하며 환경을 오염시키고 있어요. 이런 문제를 해결해 줄 새로운 미래 식량으로 대체육이 주목받아요. 겉보기에는 고기 같지만, 진짜 고기가 아니거든요.

대체육은 동물 세포나 식물성 재료를 이용해 만든 고기예요. 진짜 고기에 비해 영양 가치도 떨어지지 않아요. 만드는 과정에서 특정 영양소를 빼거나 보충할 수 있는 장점도 있고요.

대체육은 환경, 건강, 동물 보호 등을 중요하게 생각하는 현대인에게 많은 관심을 받고 있답니다.

실험실에서 만든 고기, 배양육

세포는 생물을 이루는 기본 단위로, 대부분 생물은 수많은 세포로 이루어져 있어요. 배양육은 가축의 세포만 떼 내 실험실에서 만든 고기예요. 과학 기술의 힘을 빌려 가축을 기르거나 죽이지 않고도 고기를 얻을 수 있게 된 것이지요. 기술이 발전하고 있지만 아직까지는

배양육을 만드는 데 시간이 꽤 걸려요. 가격도 비싸고요. 식량으로 널리 쓰이려면 더 많은 연구와 노력이 필요해요.

식물로 만든 식물성 고기

식물에서 뽑아낸 단백질을 이용해 만든 고기예요. 콩 단백질로 만든 콩고기가 대표적이지요. 배양육에 비해 만드는 시간이 덜 걸리고, 가격도 싼 장점이 있어요. 그러나 맛과 질감이 진짜 고기와 똑같지는 않아요. 최근에는 푸드 테크가 한층 발전해 전보다 진짜 고기에 가까워지는 중이랍니다. 푸드 테크는 식품 산업에 첨단 기술을 더하는 일을 뜻해요.

다양한 식물성 고기

더 새로워진 농업

지구 온난화에 따른 기후 변화가 점점 심각해져 가요. 이대로라면 전 세계에 식량 위기가 닥칠지 몰라요. 지구 환경을 지키면서 식량을 안정적으로 생산할 또 다른 방법이 없을까요?

새로운 품종으로

농업 분야에서는 변화하는 기후 조건에 잘 적응하는 품종을 개발하기 위해 노력하고 있어요. 더위에 잘 견디며, 습한 곳에서도 잘 자라고, 병과 해충에도 강한 그런 품종 말이에요. 또 수확량과 품질을 높이기 위한 연구도 계속해 나가지요.

똑똑한 스마트 농업

스마트 농업은 기술을 이용해 기후 변화와 상관없이 생물에 맞는 환경을 인공적으로 만들 수 있는 게 장점이에요. 스마트 팜에서는 사람 대신 인공 지능 컴퓨터가 온도·습도·빛의 양 등을 확인해 환경을 적당하게 조절하고, 드론이나 로봇이 생물을 돌봐요. 전에는 사람의 경험에 맡겼던 일을 기계로 한층 더 정밀하게 관

과학 기술을 바탕으로 한 스마트 농업

리하게 된 것이지요. 이로써 식량을 보다 안정적으로 생산할 수 있답니다.

지구를 살리는 도시 농부

농업은 보통 도시 바깥에서 이루어져요. 그래서 교통수단을 이용해 식량을 옮겨야 하는데, 이 과정에서 온실가스가 많이 나오지요. 도시 농업은 마당, 옥상, 베란다 등 공간을 이용해 도시에서 먹거리를 가꾸는 일을 말해요. 온실가스를 줄일 뿐 아니라, 먹거리를 직접 생산할 수 있어서 좋아요.

식품을 오래 보관하는 코팅 기술

매년 전 세계에서 버려지는 음식 쓰레기가 25억 톤에 이른다고 해요. 이는 전체 식량 생산량의 약 40퍼센트에 해당하는 양이지요. 최근 식물성 재료로 식품에 얇은 막을 입히는 코팅 기술이 소개됐어요. 이 기술을 이용하면 코팅 막이 식품을 보호해서 쉽게 상하지 않고 오래간다고 해요. 이것도 식량 자원 낭비를 막아 식량 위기를 해결하는 하나의 기술이 되겠지요?

지구촌 식량 위기 해법

기후 변화뿐 아니라 전쟁까지 얽혀 세계 식량 위기가 심각해지고 있어요. 식량 위기는 어느 나라만의 문제가 아니라, 전 세계가 힘을 합쳐 해결해야 할 문제예요.

전쟁이 불러온 세계 식량 위기

전쟁은 수많은 사람의 목숨을 앗아 가고 큰 상처를 남겨요. 전쟁의 피해는 여기서 끝이 아니에요. 식량 생산과 유통*을 방해해 식량 위기를 불러오지요.

지난 2022년에 러시아가 우크라이나를 공격하며 두 나라의 전쟁이 시작됐어요. 우크라이나는 갑자기 비상사태를 맞았고, 많은 나라가 러시아와의 무역을 금지했지요.

러시아와 우크라이나, 두 나라는 세계 최대 곡물 생산국으로 꼽혀요. 이들의 전쟁은 세계 밀 가격에 큰 영향을 미쳤어요. 밀뿐이 아니에요. 해바라기씨 생산량이 줄어 세계 식용유 가격이 치솟았고, 우리나라에서는 이른바 식용유 대란이 일어나기도 했지요.

러시아·우크라이나 전쟁이 길어지면서 세계 식량 위기를 걱정하는 목소리가 높아졌답니다.

★ **유통** 물건이 생산지에서 소비자에게로 옮겨 가는 것.

지구촌이 힘을 합쳐서

오늘날 세계는 하나의 마을과 같은 지구촌을 이루고 있어요. 한 나라의 문제가 다른 나라까지 영향을 미치는 일이 많지요. 식량 위기 역시 어느 한 나라만의 문제가 아니에요. 지구촌 나라들은 서로 모자라는 식량을 수입하고 남는 식량을 수출하며 살아가니까요.

기후 변화로 식량 위기가 닥쳐온 것도 모자라, 여기에 세계적으로 감염병이 유행하는 팬데믹과 전쟁 등이 기름을 붓고 있어요. 이 문제를 해결하기 위해서는 지구촌 모두가 힘을 모아야 해요. 지구 온난화를 늦추면서 식량을 효율적으로 생산할 방법을 고민해야 하지요. 또 팬데믹, 전쟁 같은 비상 상황에서도 식량을 안정적으로 생산하고 유통하는 방법을 찾아야 해요.

지구촌에는 아직도 배고픔에 시달리는 사람들이 있어요. 따라서 식량 자원을 낭비하거나 버리지 않으면서 골고루 나눌 수 있는 방법도 함께 고민해 봐야겠지요.

지구촌 모두가 힘을 합치면 식량 위기를 이겨 낼 수 있어요. 우리도 일상에서 어떤 노력을 하면 좋을지 찬찬히 생각해 봐요.

식량 주권, 어떻게 지킬까?

오늘날, 우리는 대부분 굶주림 없이 삼시 세끼를 잘 챙겨 먹어요. 그런데 과연 우리나라는 식량 위기에서 안전할까요? 안타깝게도 우리나라는 꽤 많은 식량을 외국에 기대고 있기 때문에 식량 위기에서 자유로울 수 없어요.

낮은 식량 자급률

우리 밥상에 오르는 수많은 식량 가운데는 스스로 생산한 것도 있지만, 외국에서 수입해 오는 것도 있어요.

우리는 스스로 식량을 얼마나 생산하고 있을까요? 농림축산식품부에 따르면 2021년 기준 우리나라 식량 자급률은 44.4퍼센트로, 경제협력개발기구(OECD) 회원국 가운데 가장 낮은 수준이었어요. 그중 곡물 자급률은 20.9퍼센트로 특히 낮았지요. 주식인 쌀 생산량은 충분하지만, 옥수수·밀 등 가축을 먹일 사료 곡물이 많이 필요해졌기 때문이에요.

식량 주권, 왜 중요할까?

팬데믹, 전쟁 같은 상황에서는 식량을 구하기가 어려워 가격이 치솟아요. 만약 돈이 있어도 식량을 구하지 못하면 어떤 일이 일어날까요? 식량을 서로 차지하려고 싸우게 될 거예요. 사회가 불안해지고 경제가 휘청이는 등 문제가 줄줄이 이어지겠지요. 따라서 다른 나라에 기대지 않고 우리 스스로 식량을 생산하는 능력을 더 키워야 해요. 이것이 식량 주권을 지키는 일이랍니다.

세계 재난 속 치솟는 식량 물가

식량 주권을 지키려면

우리 정부는 식량 주권을 지키기 위해 2027년까지 식량 자급률을 55.5퍼센트로 높이겠다고 목표를 세웠어요.

식량 자급률을 높이려면 정부, 생산자, 소비자 모두가 힘을 합쳐 지속 가능한 농업을 발전시켜야 해요. 지속 가능한 농업은 환경을 보호하면서도 식량을 안정적으로 생산하는 농업 방식을 말해요. 그리고 세계 시장 흐름에 맞춰 식량 수입과 수출 계획도 꼼꼼하게 세워야겠지요. 만약을 대비해 식량을 모아 두는 일도 중요해요. 이러한 노력이 뒷받침되어야 식량 자급률을 높이고, 나아가 식량 주권을 굳건히 할 수 있을 거예요.

식량 위기에 대비하려면

미래 식량으로 떠오르는 대체육

- 공장식 축산업의 문제를 해결할 방법으로 대체육이 떠오르고 있음. 대체육은 동물 세포나 식물성 재료를 이용해 만든 인공 고기임.
- 배양육: 가축의 세포만 떼 내 실험실에서 만든 고기. 만드는 데 시간이 걸리고, 가격이 비싼 것이 단점임.
- 식물성 고기: 식물에서 뽑아낸 단백질을 이용해 만든 고기. 콩 단백질로 만든 콩고기가 대표적임. 배양육에 비해 만드는 시간이 덜 걸리고, 가격이 싼 것이 장점임. 하지만 맛과 질감이 진짜 고기와 똑같지는 않음.
- 대체육이 미래 식량으로 자리 잡으려면 더 많은 연구와 노력이 필요함.

새로운 농업

- 기후 변화에 강하며, 수확량이 많고, 품질 높은 새로운 품종을 개발하고 있음.
- 과학 기술을 이용해 기후 변화와 상관없이 생물에 맞는 환경을 인공적으로 만들 수 있는 스마트 농업이 등장함.
- 도시 농업은 마당, 옥상, 베란다 등 공간을 이용해 도시에서 먹거리를 가꾸는 일을 뜻함. 온실가스를 줄일 뿐 아니라, 먹거리를 직접 생산하는 장점이 있음.

지구촌 식량 위기
- 기후 변화에 더해 팬데믹, 전쟁 등이 일어나 식량 생산과 유통을 방해해 식량 위기를 심각하게 만듦.
- 지구 온난화를 늦추면서 식량을 효율적으로 생산할 방법을 찾아야 함. 비상 상황에서도 식량을 안정적으로 생산하고 유통하는 방법을 마련해야 함.
- 지구촌에는 지금도 배고픔에 시달리는 사람들이 있어서 식량 자원을 골고루 나눌 방법도 고민해야 함.

식량 주권
- 식량 자급률: 우리나라에서 소비하는 식량 가운데 우리나라 안에서 생산된 것이 어느 정도인가를 나타냄.
- 우리나라 식량 자급률은 낮은 수준으로, 대표적 식량 수입국 중 하나임. 식량이 모자라면 여러 문제가 생길 수 있음. 따라서 식량을 스스로 생산하고 마련하는 능력을 충분히 갖춰 식량 주권을 지켜 내야 함.

한 걸음 더! 지구촌 미래를 위해

국제연합(UN)은 지구촌 미래를 위해 지속가능발전목표(SDGs)를 세웠어요. 그 목표 가운데는 기아를 끝내는 것도 포함되어 있답니다.

왜 세계 기아에 관심을 가져야 할까?

기아는 식량이 부족해 굶주림을 겪는 것을 의미해요. 국제연합(UN)의 2024년 발표에 따르면 전 세계 인구의 9퍼센트가 기아로 고통받고 있다고 하지요. 아프리카의 기아 비율이 20.4퍼센트로 가장 높았고 아시아, 오세아니아, 라틴 아메리카가 뒤를 이었어요.

왜 우리나라도 아닌 다른 나라 일에 신경을 써야 하냐고요? 오늘날 세계는 지구촌을 이루어 서로 영향을 주고받으니까요. 인류의 평화와 발전을 위해서 기아는 반드시 해결해야 할 문제예요. 나라를 넘어 세계가 힘을 합치면 아름다운 미래를 만들 수 있을 거예요.

미래를 위해 실천해야 할 목표

지구촌이 맞닥뜨린 문제를 해결하기 위해 세계가 노력하고 있어요. 지속가능발전목표(SDGs)에는 기아를 끝내는 것뿐 아니라 또 어떤 것이 있는지 함께 살펴볼까요?

지구촌 미래를 위한 우리 모두의 약속

1. **빈곤 종식** 모두가 가난의 고통에서 벗어나게 도와요.
2. **기아 종식** 모두가 굶주림에서 벗어나 건강하게 살 수 있도록 도와요.
3. **건강과 복지** 건강하고 행복한 삶을 위한 기초를 마련해 줘요.
4. **양질의 교육** 누구나 질 높은 교육을 받을 수 있게 도와요.
5. **성평등** 남자와 여자가 함께 평등한 사회를 이루어 나가요.
6. **깨끗한 물** 모두가 깨끗한 물을 마셔 건강을 지킬 수 있도록 힘써요.
7. **깨끗한 에너지** 누구나 깨끗하고 저렴한 에너지를 사용할 수 있도록 힘써요.
8. **일자리와 경제 성장** 좋은 일자리를 만들어 경제 성장에 이바지해요.
9. **산업 혁신과 기반 시설** 지속 가능한 산업화를 이루고 사회 시설을 마련해요.
10. **불평등 해결** 지역과 지역 사이, 나라와 나라 사이의 불평등을 줄여요.
11. **지속 가능한 도시와 공동체** 환경을 해치지 않으면서 도시를 개발하고 관리해요.
12. **책임 있는 생산과 소비** 미래를 위한 친환경 생산과 소비를 고민해요.
13. **기후 변화 대응** 기후 변화를 막기 위해 힘을 합쳐 노력해요.
14. **해양 생태계 보호** 바다 생태계를 지켜 다음 세대에게 건강하게 물려줘요.
15. **육상 생태계 보호** 육지 생태계를 지켜 다음 세대에게 건강하게 물려줘요.
16. **평화와 정의 제도** 평화로운 사회를 이루고, 믿을 수 있는 제도를 마련해요.
17. **지구촌 협력** 목표를 이루기 위해 다 같이 힘을 모아요.

1화 개념 - 생존을 위한 먹거리

1 다음 문장을 읽고 맞으면 ○, 틀리면 ✕표시를 해 봐요.

- 사람이 살아가는 데는 의식주가 중요해요. (   )
- 사람은 살아가는 데 필요한 에너지를 스스로 만들어요. (   )
- 식량은 생존을 위해 꼭 필요한 먹거리예요. (   )

2 식품은 크게 식물성과 동물성으로 나눌 수 있어요. 다음에서 식물성 식품에 어울리지 않는 것을 골라 봐요.

① 쌀   ② 토마토
③ 소고기   ④ 사과

3 동물성 식품에 대해 누가 틀리게 말하고 있는지 골라 봐요.

① 동물성 식품은 동물로부터 얻은 먹거리야.

② 동물성 식품에는 단백질과 지방이 풍부하지.

③ 식용 곤충은 동물이어서 동물성 식품에 속해.

④ 단, 벌이 꽃에서 빨아들여 모으는 꿀은 예외야.

4 다음 글을 읽고 괄호 안에 들어갈 단어를 각각 적어 봐요.

> 동양 사람들은 주식인 (㉠)로 밥이나 국수를 만들어 먹어요. 서양에서는 (㉡)로 만든 빵을 주식으로 먹지요.

보기

깨 밀 쌀 알

㉠ : _____   ㉡ : _____

2화 역사 – 식량의 역사

1 농사를 시작하기 이전에 인류는 어떻게 식량을 구했을까요? <서술형 문항 대비>

----

2 다음 설명과 초성을 보고 답을 완성해 봐요.

> 사람이 길들인 동물을 통틀어 말해요. 덕분에 전보다 노력을 덜 들이고 고기, 우유, 알 등을 얻게 됐지요.

| ㄱ | ㅊ |

3 알맞은 설명을 찾아 선으로 이어 봐요.

① 농업 • • ㉠ 강과 바다 등에서 나는 동식물을 잡고 기르는 산업

② 축산업 • • ㉡ 가축을 길러서 그 생산물을 가공하는 산업

③ 수산업 • • ㉢ 땅을 이용해 먹거리를 생산하는 산업

4 괄호 안에 들어갈 알맞은 말을 골라 동그라미 쳐 봐요.

> 식량 자급률은 우리나라에서 소비하는 식량 가운데 우리나라 안에서 생산된 것이 어느 정도인가를 나타내요. 식량 자급률이 (낮을수록 / 높을수록) 식량 수입을 덜 해도 되므로 국가 안정에 유리하지요.

3화 환경 - 기후 변화와 식량 위기

1 다음 글을 읽고 괄호 안에 들어갈 단어를 〈보기〉에서 찾아 적어 봐요.

> 이상 기후가 잦아져 식량 생산에 영향을 미치고 있어요. 이렇게 기후가 갑자기 변한 까닭은 지구 (   ) 때문이에요. 기온이 자꾸만 높아지는 탓에 기후 변화가 심각하지요.

보기

냉각화   안정화   온난화

_____

2 다음 글이 설명하는 곤충을 골라 봐요.

> 식물의 꽃가루받이를 도와 식량 생산에 중요한 역할을 해요.

① 메뚜기    ② 파리

③ 꿀벌    ④ 풀무치

3 공장식 축산업이 무엇인지 적어 봐요. 서술형 문항 대비 ✓

------

4 다음 문장을 읽고 맞으면 ○, 틀리면 ✕ 표시를 해 봐요.

- 공장식 축산업의 열악한 환경에서는 동물이 고통을 받아요. (   )
- 항생제를 많이 쓰면 내성 문제를 해결할 수 있어요. (   )
- 공장식 축산업은 환경 파괴, 자원 낭비 같은 문제를 낳고 있어요. (   )

4화 생물 - 미래 먹거리 곤충

1 식용 곤충이 미래 먹거리로 떠오른 이유를 아는 대로 적어 봐요.

서술형 문항 대비 ✓

2 식용 곤충에 대한 설명으로 바른 것을 골라 봐요.

① 자연에서 잡은 곤충을 그대로 먹어도 된다.
② 곤충은 고기에 비해 영양 가치가 떨어진다.
③ 곤충은 크기가 작아서 통째로 먹을 수밖에 없다.
④ 세계 여러 나라에서 식용 곤충 연구가 활발하다.

3 다음 글을 읽고 밑줄 친 이것이 무엇인지 적어 봐요.

우리나라에서는 오래전부터 누에치기가 이어져 왔어요. 비단실을 뽑고 남은 **이것**은 식재료로 썼지요.

_____

4 다음 설명과 초성을 보고 괄호 안에 들어갈 답을 완성해 봐요.

요즘에는 곤충을 이용한 (   )이 많이 나와요. 예를 들어 곤충 밀가루, 곤충 단백질 보충제, 곤충 에너지바, 곤충 과자, 곤충 초콜릿, 곤충 치즈 등이 있어요.

ㄱ　ㄱ　ㅅ　ㅍ

5화 미래학 - 식량 위기에 대비하려면

1 알맞은 설명을 찾아 선으로 이어 봐요.

① 배양육 •　　　　　• ㉠ 식물에서 얻은 단백질로 만드는 고기

② 식물성 고기 •　　　　• ㉡ 실험실에서 동물 세포를 길러서 만드는 고기

2 스마트 농업에 대한 문장을 읽고 맞으면 ○, 틀리면 ×표시를 해 봐요.

• 생물에 맞는 환경을 인공적으로 만들 수 있는 게 장점이에요. (　　　)
• 인공 지능 컴퓨터, 드론, 로봇 등이 이용돼요. (　　　)
• 경험에 맡겼던 일을 기계로 관리하기 때문에 정밀한 면이 떨어져요. (　　　)

3 러시아·우크라이나 전쟁이 세계 식량 사정에 어떠한 영향을 미쳤는지 적어 봐요. 서술형 문항 대비 ✓

_____
_____
_____
_____
_____

4 다음 글을 읽고 괄호 안에 공통으로 들어갈 단어를 적어 봐요.

> 우리나라 (　　　　) 자급률은 특히 낮아요. 쌀 생산량은 충분하지만, 고기 소비가 늘며 외국에서 사료 (　　　　)을 많이 수입해 오기 때문이에요.

_____

정답 및 해설

1화

1. ○, X, ○
➡ 사람이 살아가는 데 필요한 입을 것, 먹을 것, 살 곳을 묶어 의식주라고 해요. 사람은 스스로 에너지를 만들 수 없어서 음식으로 에너지를 얻지요. 식량은 생존을 위해 반드시 필요한 먹거리예요. (☞ 16~17쪽)

2. ③
➡ 식물성 식품은 곡식, 채소, 과일처럼 식물에서 얻은 먹거리예요. 소고기는 동물성 식품에 해당해요. (☞ 18~21쪽)

3. ④
➡ 동물성 식품은 동물로부터 얻은 먹거리 모두를 포함해요. 꿀은 벌을 통해 얻어지므로 동물성 식품에 속하지요. (☞ 20~21쪽)

4. ㉠ 쌀, ㉡ 밀
➡ 동양에서는 쌀을, 서양에서는 밀을 주식으로 먹어요. (☞ 22~23쪽)

2화

1. 본문을 참고해 적어 봐요.
➡ 농사를 시작하기 이전에 인류는 동물을 사냥하고 자연의 동식물을 모아 식량을 마련했어요. (☞ 34~35쪽)

2. 가축
➡ 가축에 대한 설명이에요. (☞ 36~37쪽)

3. ①-㉢, ②-㉡, ③-㉠
➡ 농업은 땅을 이용해 식물을 가꾸고 동물을 기르는 산업이에요. 그중 가축을 길러서 그 생산물을 가공하는 산업을 축산업이라고 해요. 수산업은 강과 바다 등에서 나는 동식물을 잡고 기르는 산업이지요. (☞ 38~39쪽)

4. 높을수록
➡ 식량 자급률이 높을수록 식량을 안정적으로 마련할 수 있어요. (☞ 41쪽)

3화

1. 온난화
➡ 기온이 점점 올라가는 지구 온난화의 영향으로 기후가 변하고 있어요. (☞ 52쪽)

2. ③
➡ 꿀벌에 대한 설명이에요. (☞ 52~53쪽)

3. 본문을 참고해 적어 봐요.
➡ 고기를 더 많이, 더 싸게 생산하려고 공장식 축산업이 생겨났어요. 공장식 축산업은 한정된 공간에 될 수 있는 한 많은 가축을 넣어 기르는 방식이에요. (☞ 54~55쪽)

4. ○, X, ○
➡ 공장식 축산업은 동물 복지, 환경 파괴, 자원 낭비 같은 여러 문제를 안고 있어요. 그뿐 아니라 항생제 남용으로 건강까지 위협하는데요. 항생제를 너무 많이 쓰면 내성을 높

이기 때문에 문제가 심각해요. (☞ 54~57쪽)

4화

1. 본문을 참고해 적어 봐요.
⋯ 식용 곤충 산업은 기존 축산업에 비해 환경을 파괴하거나, 자원을 낭비할 위험이 적을뿐더러, 경제성이 높아 미래 먹거리로 주목받아요. (☞ 70~71쪽)

2. ④
⋯ 자연에서 잡은 곤충을 그대로 먹으면 우리 몸에 문제가 생길 수 있어요. 곤충은 고기에 비해 영양 가치가 떨어지지 않아요. 식용 곤충은 통째로도, 가루로도 이용할 수 있답니다. (☞ 74~75쪽)

3. (누에) 번데기
⋯ 누에를 치는 과정에서 나오는 번데기를 식재료로 이용했어요. (☞ 76쪽)

4. 가공식품
⋯ 곤충 가공식품에 대한 설명이에요. (☞ 77쪽)

5화

1. ①-ㄴ, ②-ㄱ
⋯ 배양육은 동물 세포를 길러서 만들고, 식물성 고기는 식물에서 얻은 단백질을 이용해 만들어요. (☞ 88~89쪽)

2. O, O, X
⋯ 스마트 농업은 기술을 이용해 환경을 인공적으로 조절해요. 인공 지능 컴퓨터, 드론, 로봇 등이 사람 대신 환경을 관리하고 농작물을 돌보지요. 경험에 맡겼던 일을 기계로 정밀하게 관리할 수 있는 게 장점이에요. (☞ 90~91쪽)

3. 본문을 참고해 적어 봐요.
⋯ 러시아·우크라이나 전쟁이 길어지면서 식량 생산과 유통을 방해하고 있어요. 식량 가격이 치솟아 세계 경제에까지 영향을 미쳤지요. (☞ 92쪽)

4. 곡물
⋯ 우리나라 곡물 자급률에 대한 설명이에요. (☞ 94쪽)

찾아보기

ㄱ
가공식품 ··············· 38~39, 75, 77
가축 ··············· 20~21, 27, 34, 36~38, 41,
54~57, 70~71, 88, 94
개발 도상국 ····················· 40
꽃가루받이 ····················· 52~53
꿀벌 ····················· 20, 39, 52~53

ㄴ
농업 ··············· 38, 40~41, 44, 58~59,
90~91, 95
농작물 ··············· 26, 52~53, 58~59, 62, 76
누에 ····················· 75~76, 80

ㄷ
단일 재배 ····················· 59
대체육 ····················· 88

ㄹ
러시아 ····················· 92

ㅁ
메뚜기 ····················· 21, 75~76, 80
메테인 ····················· 54~55
목축 ····················· 36~38
밀 ··············· 18, 22~23, 27, 38, 41, 62, 92, 94

ㅂ
배양육 ····················· 88~89
번데기 ····················· 21, 75~76

ㅅ
사료 ··············· 27, 41, 54~56, 70~71, 73, 94
선진국 ····················· 40
수렵 채집 ····················· 34, 36~37
수산물 ····················· 21, 35, 39
식량 자급률 ····················· 41, 94~95
식량 주권 ····················· 94~95
쌀 ··············· 18, 22~23, 27, 38, 62, 94

ㅇ
양봉 ····················· 38~39
양식업 ····················· 21, 39
온실가스 ··············· 45, 54, 56~57, 70, 91
우크라이나 ····················· 92
이산화 탄소 ····················· 45, 54

ㅈ
지구 온난화 ··············· 45, 52, 56~58,
62~63, 70, 90, 93

ㅊ
축산물 ····················· 39, 41

ㅍ
팬데믹 ····················· 93, 95

ㅎ
히트플레이션 ····················· 62~63

초등 교과 과정에 알맞게 개발한 통합교과 정보서

참 잘했어요 과학

하나의 과학 주제를 다양한 분야에서 살펴보는 통합교과 정보서입니다.
재미있는 스토리와 서술형 평가에 대비하는 워크북도 함께 실었습니다.
서울과학교사모임의 꼼꼼한 감수로 내용의 정확도를 높였습니다.

1 또 하나의 가족 **반려동물**
2 범인을 찾아라! **과학수사**
3 뼈만 남았네! **공룡과 화석**
4 과학을 타자! **놀이기구**
5 약이야? 독이야? **화학제품**
6 두 얼굴의 하늘 **날씨와 재해**
7 고수의 몸짱 비법 **운동과 다이어트**
8 이젠 4차 산업 혁명! **로봇과 인공지능**
9 과학을 꿀꺽! **음식과 요리**
10 외계인의 태양계 보고서 **우주와 별**
11 나 좀 살려 줘! **환경과 쓰레기**
12 시큼시큼 미끌미끌 **산과 염기**

13 시원해! 상쾌해! **화장실과 똥**
14 대비해! 대피해! **지진과 안전**
15 이게 무슨 소리?! **음악과 소음**
16 세상에서 가장 착한 초록 **반려식물**
17 가슴이 콩닥콩닥 **성과 사춘기**
18 눈이 따끔, 숨이 탁! **미세먼지**
19 미생물은 힘이 세! **세균과 바이러스**
20 그 옛날에 이런 생각을?! **전통과학**
21 땅속에서 무슨 일이?! **보석과 돌**
22 줄을 서시오! **원소와 주기율표**
23 드라큘라도 궁금해! **피와 혈액형**
24 불 때문에 난리, 물 때문에 법석! **기후 위기**

25 결정은 뇌가 하지! **뇌와 AI**
26 지켜 주지 못해 미안해! **멸종 동물**
27 생명이 꿈틀꿈틀! **바다와 갯벌**
28 가상에 쏙, 현실이 짠! **메타버스**
29 작지만 무서워! **미세 플라스틱**
30 세상이 번쩍, 생각이 반짝! **전쟁과 발명**
31 어제는 패션, 오늘은 쓰레기! **패스트 패션**
32 내 몸을 지켜라! **면역과 질병**
33 식물일까? 동물일까? **버섯과 곰팡이**
34 더 빨리, 더 멀리! **미래 교통**
35 땅이 바싹, 목이 바짝! **사막과 물**
36 살아남거나, 사라지거나 **인류와 진화**

글 신방실 외 | 그림 시미씨 외 | 감수 서울과학교사모임   값 1~10권 10,000원, 11~25권 11,000원, 26~36권 13,000원